मेरी राशि का अधिपति एक साँड है

मेरी राशि का अधिपति एक साँड है

वीरू सोनकर

की

कविताएँ

वाणी प्रकाशन

वाणी प्रकाशन

4695, 21-ए, दरियागंज, नयी दिल्ली 110 002

फ़ोन : +91 11 23273167 फ़ैक्स : +91 11 23275710

शाखाएँ

अशोक राजपथ, पटना 800 004, बिहार

कॉफ़ी हाउस कैम्पस, महात्मा गांधी मार्ग, इलाहाबाद 211 001, उत्तर प्रदेश

महात्मा गांधी अन्तरराष्ट्रीय हिन्दी विश्वविद्यालय, वर्धा 442 001, महाराष्ट्र

सुल्तानिया रोड, मोतिया पार्क, भोपाल 462 001, मध्य प्रदेश

www.vaniprakashan.com
marketing@vaniprakashan.in
sales@vaniprakashan.in

MERI RASHI KA ADHIPATI EK SANDH HAI

by Veeru Sonker

ISBN : 978-93-89563-65-8
Poetry Collection

पेपरबैक प्रथम संस्करण 2020

मूल्य : ₹ 199

जयंत प्रिंटरी, एलएलपी, मुम्बई-02 में मुद्रित

वाणी प्रकाशन का लोगो मक़बूल फ़िदा हुसेन की कूची से

आत्मकथ्य

जब इस धरती पर इन्सान नहीं थे मैं तब से लगातार जन्म ले रहा हूँ। सृष्टि की शुरुआत से आज तक मैं नहीं सोया। जन्म लेने की इस बारम्बारता से मेरी देह छिल गयी है। लगातार आँखें खोले रहने से मेरी पुतलियाँ सफ़ेद हो चुकी हैं। अब मुझे प्रकाश भयानक लगता है और अँधेरे में सब साफ़–साफ़ दिखता है।

मुझे देखना बहुत पसन्द है। इस संसार में जितनी भी आँखें हैं मैं उन सबसे देख सकता हूँ। मैं पूरी की गयी सभी यात्राओं में शामिल था। मैं अधूरी रह गयी यात्राओं में अभी तक थक रहा हूँ।

मेरे हिस्से में सबसे ज़्यादा साँसें आयी, सबसे अधिक लज्जा–भार मैंने ही ढोया।

मैं इस धरती का सबसे असहमत व्यक्ति हूँ। मैं कई पीढ़ियों से भुलाया जा रहा हूँ। कई हज़ार वर्षों से सुलग रही भूख की लपटों में झुलसी, मेरी इस देह की हत्या नहीं की जा सकती है। इस देह को हराया भी नहीं जा सकता है, और इसका 'अस्वीकार' तो कतई भी नहीं!

मेरी 'उपस्थिति' मेरी दुनिया का सबसे बड़ा सच है और मैं इसके नशे में हूँ।

– वीरू सोनकर

अनुक्रम

मैं जितना देह में था

पुनर्जन्म

मैं यह सोच कर उन तक गया कि वह बतायेंगे
ख़ुद के महान बनने का रहस्य

मैंने देखा!

उनका महान शोर,
धैर्य को थकाता उनका मौन,
अहर्निश प्रतीक्षा,
और पाया, कि वह ज़रा भी नकली नहीं थे
उनकी हँसी सबसे सहज थी

फिर मुझे घड़े का मुँह मिट्टी की हँसी सा लगा,
और जान गया कि समुद्र का पसीना है उस पर तैरता फ़ेन
मैं समझ गया हर कुआँ, पृथ्वी की आँख है
और गुफाएँ ग़ायब हो जाने का आग्रह
नदी, पृथ्वी की पीठ पर सिल दी गयी शिराएँ हैं,
पानी उनमें दौड़ता ख़ून

मैंने सोचा मैं कौन हूँ?

मैं उनके और पास गया
और देखा सहेजने का उनका क्रम सबसे प्राचीन है
और दुःख की स्मृति उनमें सबसे कम है
उन्होंने रंगों की भाषा चुन ली थी

वह जितने प्राचीन थे,
उतने ही युवा
जितने बड़े जानकार,
उतने ही बड़े खोजकर्ता

जीवन की गन्ध से घुले हुए वह पेड़ों की तरह उग आते थे
और चींटियों की तरह चुप–संवाद में माहिर,
पहाड़ की तरह हमेशा बने रहने के सुख से भरपूर
वह काले हॉर्नबिल को उसका पहला गोता लगाना सिखा रहे थे
और मछली के कान में कह रहे थे,
समुद्र की तलहटी में छुपा है तुम्हारे चिड़िया बनने का रहस्य!

वह इतने बड़े न्यायकर्ता थे
कि जब मैंने जाना मेरी नश्वरता मेरा सबसे बड़ा सच है,
तो मेरे हाथों में मेरे समय को रखकर उन्होंने कहा
बस इसमें बने रहो!

फिर किसी पुनर्जन्म की गुप्त घोषणा सा
मैं ख़ुद में लौट आया

भाषा

मैं अपनी मातृभाषा में सोता हूँ,
हिन्दी के कपड़े पहनता हूँ और तैयार होकर निकल जाता हूँ घर से

जो कहीं फँसता हूँ तो उर्दू में अपने काम निकाल लेता हूँ,
जो कहीं चिढ़ता हूँ तो फिर लौटता हूँ
माँगी गयी पहली रोटी की भाषा में
दी गयी सबसे पहली खिसियाई गाली में
सबसे पहली प्रार्थना में!

मैं जितना देह में था, उतना ही उस भाषा में
मैं उस भाषा–देह के व्याकरण में आत्मा–सा घुला था

इस भाषा के तकिये पर सर टिकाये,
मैं सबसे अधिक मौलिक था
सबसे अधिक मुखर
सबसे अधिक विस्तृत
सबसे अधिक कल्पनाशील था

मैं आदमी नहीं मातृभाषा का सबसे ठेठ मुहावरा हूँ
मैं आदमी नहीं मातृभाषा से हट कर
दूसरी भाषा में बरती गयी एक चालाकी हूँ

निःशब्द

मैंने कहा 'दर्द'
संसार के सभी किन्नर, सभी शूद्र और वेश्याएँ रो पड़ीं

मैंने शब्द वापस लिया और कहा 'मृत्यु'
सभी बीमार, उम्रक़ैदी और वृद्ध मेरे पीछे हो लिये
मैंने शर्मिन्दा होकर सर झुका लिया
फिर कहा 'मुक्ति'
सभी नक़ाबपोश औरतें, विकलांग और क़र्ज़दार मेरी ओर देखने लगे

अब मैं ऊपर आसमान में देखता हूँ
और फिर से
एक शब्द बुदबुदाता हूँ
'वक्त'
कड़कड़ाती बिजली से कुछ शब्द मुझ पर गिर पड़े
"मैं बस यही किसी को नहीं देता"

मैं अब ख़ुद के लिए कोई शब्द चाहता हूँ
कोई कुछ नहीं बोलता!

संवाद

उसने स्त्रियोचित संकोच के साये में
दबी ज़ुबान से पूछा
क्या तुम मुझसे प्रेम करते हो?

पुरुष ने सपाट स्वर में कहा,
स्थायी कुछ भी नहीं!

उसने फिर अत्यन्त प्रेममयी होकर पूछा
मेरे साथ रहोगे हमेशा?

सतर्क पुरुष ने ख़ुद को दार्शनिक में बदलते हुए कहा
यह मात्र जीवन है!

उसने शंकालु होकर पूछा
क्या तुम किसी और से?

और पुरुष की ज़ुबान से कुछ पाषाण झरे
"दृश्य विहीन कुछ भी नहीं, जहाँ तक दृश्य है सम्भावनाएँ हैं"

और फिर,
दृश्य बना रहा
और सम्भावना मर गयी

स्त्री ने थोड़ा–सा पुरुषत्व
चुपचाप चुरा कर
उस दृश्य में एक नयी स्त्री रच दी
जिसकी आँखों में जीत किसी तृप्त भूख सी जगमगा रही थी

उस स्त्री के स्त्रीत्व का
अंशमात्र तक स्पर्श न कर पाने के पराजय–बोध से लज्जित
वह बचे हुए पुरुषत्व के साथ
थके क़दमों से लौट पड़ता है
यह बुदबुदाते हुए!

जहाँ तक दृश्य है
वहाँ तक सम्भावना है
जहाँ तक सम्भावना है वहाँ तक प्रेम है

और स्त्री उस दृश्य का सबसे पहला चेहरा है!

यह सच है

यह सच है कि लगातार अत्याचार की परिणति विद्रोह है
यह सच है कि चुप्पियाँ चीख़ की शक्ल में टूटती हैं
यह सच है कि आसमान से कभी विकल्प नहीं झरते
यह सच है कि गोली से पत्रकार कभी ख़त्म नहीं किये जा सके
यह सच है कि तानाशाहों के हिस्से में हमेशा आख़िरी गोली आयी
यह सच है कि सच को बदला नहीं जा सकता!

यह सच है कि हम रोज़ इस सच के साथ उठते हैं
कि हमारे हिस्से की मौत आज कोई और मरेगा
मुझे आज मौत नहीं आनी
यह सच है कि इसी आज के दिन सत्ताएँ अपने हाथ बदल लेती हैं
और तानाशाही बन्दूक़ बाप की जगह बेटे के हाथों में आ जाती है

इतने सारे सच के बाद भी यह एक सच ही है
कि उसके बाद अगला नम्बर हमारा तय है उसी दिन
जिस दिन हम यह सोच कर उठे होंगे कि आज कोई और मरेगा
मुझे आज मौत नहीं आनी!

एकान्त एक अभ्यास है

मैं बहुत नहीं बोलना चाहता था
समझना चाहता था कि कैसे एकान्त बुन लेता है अपने शब्द
ठहरी हुई हवा के हाथों से कैसे गिरते हैं वाक्य
आत्मा के बहुत भीतर तक

कैसे सँभालते हैं क्रमबद्ध शब्द ख़ुद को
एक दूसरे का हाथ पकड़े हुए

जैसे एक पक्षी आकाश में गोता लगाता हुआ धीरे–धीरे नीचे उतरता है
मैंने एक देह को हिला–डुला कर बताया
कि ठीक वैसे ही उतरना चाहिए अपने एकान्त के तल पर
और जमाना चाहिए अपने पैर ठीक वैसे ही
जैसे पूर्वज जमा देते हैं ख़ुद को एक बीती हुई सदी में

बिना हिले दीवारों पर कोई भाषा कैसे उकेरी जा सकती है
या अपना आदिम चेहरा दीवार के किसी खुरदुरे हिस्से में
    कैसे ढूँढ़ा जा सकता है

सिखाया ख़ुद को!

बुद्ध और शंकर की अर्धतृप्त पर पूर्ण ध्यानस्थ आँखों का
    अभिनय करते–करते भी
दबे पाँव एक विराट मौन कैसे दबोच लेता है आत्मा के भागते पैरों को

कि एकान्त एक अभ्यास है,
जिसे बियाबान में बनी कोई भाँय भाँय करती गुफा नहीं चाहिए
वह ख़ुद के भीतर बना एक कुआँ है जिसे हर बार थोड़ा और दुरुस्त
और गहरा किया जाता है

'भीड़–शोर' अज्ञात का फैलाया हुआ एक जाल है
एकान्त, ज्ञात की ओर निरन्तर बढ़ता एक क़दम

मैंने ख़ुद को समझाया

कि अपने एकान्त से बाहर आ कर
पहला शब्द
कुछ इस तरह बोलो
कि वह कानों में ऐसे उतरे जैसे चाय का एक गर्म घूँट
    उतरता है गले में
या ऐसे, जैसे निद्रालीन ब्रह्माण्ड के कानों में किसी अज्ञात ने
    फूँक दिया था
ओम!

मैं अपने एकान्त से बाहर निकला, तो थर–थर काँपता हुआ,
और अपने पहले शब्द के लिए ठीक उतनी ही ताक़त लगाई,
जितनी गर्भ से बाहर आया कोई नवजात लगाता है
अपने पहले रुदन के लिए!

कल के आदमी के जूते

भविष्य को आदर्शों के चश्मे से झाँकते हुए ही नहीं देखा जा सकता
उस तक जाती हैं कटे नरमुंडों की सीढ़ियाँ भी
देखा जा सकता है उसे
कंकड़ पड़ी आँख को मलते हुए भी

भविष्य देखना
बहुत बार अपने मटमैले तल से ऊपर उठ कर
एक आकाशी सफ़ेद बादलों की ज़मीन ढूँढ़ना नहीं होता है
बहुत बार अपने भीतर गहरे धँस कर
एक सोती हुई धमक को जगाना भी होता है
भविष्य तक जाना

कई तरीक़े हैं भविष्य तक जाने के
एक औरत को जितनी तरह से उतारा जा सकता है बाज़ार में
उतनी ही तरह से जाया जा सकता है एक बहुत बुरे भविष्य में

अलग–अलग वजहों से रोते हुए बच्चे भी बता जाते हैं
कि एक अच्छे भविष्य तक जाना कितना आसान है

तानाशाह जब बताने लगें कि मूर्खता की किस डाल पर
बैठता है भविष्य
तो वह भी एक रास्ता होता है
चले जाने और न जाने का

एक खिला हुआ फूल, एक टूटा हुआ फूल
और डाल पर ही अनदेखा रह गया एक मुरझाया हुआ फूल,
अपने–अपने तरीक़े से भविष्य तक की गयी एक यात्रा ही तो है

हत्याओं के जश्न में मर चुके लोगों का भविष्य
बचे हुए मौन लोगों के चेहरे पर एक सफ़ेदी सा पुता रहता है

एक मृत तस्वीर भी आहिस्ता से छोड़ती है कुछ भविष्यलक्षी रंग

सभ्यता के नंगे पैर में लगा ज़ख़्म भी है
एक तरह का सुलगता हुआ भविष्य ही

चीख़ रहे लोग प्रार्थनाओं से दूर हैं
बहुत बार ये ही होते हैं भविष्य के बहुत पास

उपासक समझता है कि अगला ही क्षण है उसका भविष्य
और बिता देता है आस्था के एक मृत पौधे को सींचते हुए
अपने वर्तमान की निरर्थक उम्र!

इतिहास को एक दरवाज़ा समझकर पीटते हैं बहुत सारे
तो कुछ व्याख्यानों में बता देते हैं
कि वह जितनी बार गये इतिहास के भीतर
वहाँ एक भविष्य मिला

हज़ार तरीक़े हैं जाने के और हजारों तरह के हैं भविष्य!

बिल्ली की तरह दबे पाँव घात में बैठना
एक पवित्र प्रार्थना की तरह भी हो सकता है
जिसमें शामिल होता है दबोचे जाने वाले का भविष्य,
और शिकारी का भी भविष्य!

लार टपकाती जीभ से एक अराजक कैसे निपटता है
एक तरीक़ा यह भी है!

सत्ता के दिये गये मरहम को बहुत ध्यान से देखना
देश की देह पर लगे ज़ख़्म के भविष्य को भी देखना है

दरअसल भविष्य तक जाने का एक ही रास्ता है
जो पहले देखने से गुज़रता है
फिर दो रास्तों में बँट जाता है

पहला, देख कर रह जाना
दूसरा, देखना और भिड़ जाना

इन दोनों कामों के हज़ार तरीक़े हैं
पर वर्तमान को एक ही तरीक़ा पता है
वह चुपचाप देखता है
और बना लेता है कल के आदमी की नाप के जूते!

ठीक–ठाक देश सा

जिसे आप देश कहते हैं
वह एक देह है

उसके सिर पर बैठ कर कभी
पतंजलि घोंट रहे थे सभ्यता के ज़ख़्मों का मरहम
जिसके बायें हाथ पर सात बहनें बाट जोह रही थीं
अपनी घर–वापसी की,
तो दाहिना हाथ बना रहा था
हल्दी घाटी के युद्ध की अदम्य योजना
पैरों में जिसके किसी पत्नी–वियोगी ने बाँधे थे पहले
    इन्सानी पुल के हाथ,
चल कर लौटना था जहाँ से, एक स्त्री को वापस अपने देश,
उठ खड़े होना था जहाँ फिर से बिरसा मुंडा को
जहाँ बार–बार लौटते थे
नेता–ठग–डाकू और मुग़ल

जहाँ चरखे संग घूम गयी थीं साम्राज्यवाद की चूलें
जहाँ किसी ने माँगा था ख़ून, और कहा था मैं तुम्हें आज़ादी दूँगा

जहाँ रोज़ घट रही हैं
उस देह को काटने की साज़िशें,
मैं उसके मुँह से बस्तर की आवाज़–सा कराहता हूँ
ऋचाएँ और आयतें सुन–सुन कर
मैं एक कान से बहरा हूँ

मैं विकास की दौड़ में पीछे रह गया डेढ़ पैर का धावक हूँ

मैं सन्नाटे में मिल गयी एक अकेली स्त्री का भय हूँ,
नक़्शे की शक्ल में बहुत दूर तक फैली एक राष्ट्रीय असुरक्षा हूँ,
तीन युद्ध जीतने, और एक युद्ध हारने का सीधा–सपाट बयान हूँ,
मैं सबसे पीछे खड़े आदमी की शक्ल पर हर रात उतर आया
एक बहुत बड़ा प्रश्नचिह्न हूँ

मेरा उपचार एक सौ चवालीस खम्भों पर टिका एक सवाल है,
मैं गाँवों का हाथ पकड़े खड़ी, एक चिढ़ी हुई 'राष्ट्रीय–प्रतीक्षा' भी हूँ

अगर सहमत हों आप सब,
तो मैं उस देह से पूछना चाहता हूँ
कि क्या मैं तुममें किसी ठीक–ठाक देश सा घट जाऊँ?

अपूर्णता एक ज़रूरी जगह है

चलते–चलते, दूर बियावान में
फूलों की एक घाटी मिली
मैंने देखा तो,
पर नहीं रुका एक पल भी
उस घाटी में फूलों का यह पहला अपमान था।

मैंने पहली बार जाना
भीतर घुस चुकी निष्ठुरता नहीं पसन्द करती मुस्कुराहटें

आगे पहाड़ पर एक धूप–घड़ी लेटी थी
समय थोड़ा बचा है कहते हुए

मेरा उकताया चेहरा देख, उतर चली वह
मैं अपनी परछाईं पर लात रखता हुआ
बढ़ता रहा
मानो यह जीवन छोटा है इतना ही,
ख़बर हुई मुझे अभी–अभी

अभी आकाश में बहुत सारी जीभें निकल आयीं

एक–प्रवचन देती हुई,
दूसरी–डाँटती हुई,
तीसरी–पुचकार में लौटाती हुई,
सभी जीभें मुझ पर नसीहतों की तरह बरसने लगीं

कि
लौट जाओ, स्पन्दनों की ओर
साँसों की आवाजाही में सीमित रहो!

तुम एक नदी की तरह सोचो
और समुद्र की तरह लज्जित होते रहो

कोई हर्ज़ नहीं है सीमाओं में बने रहना
परिधि में उड़ते रहना
अति–शुद्ध भाषा का उज्ज्वल मुँह चाटते रहना
और अन्ततः
सिर्फ़ आदमी बने रहना!

कविता प्रश्न नहीं है न ही तुम्हारा जीवन है कोई उत्तरमाला

मैं आवाज़ों को कुचलता रहा, आगे बढ़ता रहा
मेरे हर क़दम पर
भूमि ने एक–एक कान उगाया
जिन्होंने आगे बढ़ कर निगल लिए आवाज़ों के पैर!

मैं बढ़ता रहा और मिलता रहा

पेड़ों से / गुफाओं से / शिलाओं से
नदियों के बहाव से

मैं दूर आ गया
आबादी और विचारों से

मैंने समूचे इतिहास की गोलियाँ बनाकर नदी की
मछलियों को खिला दिया

और निकल गया बहुत दूर

ब्रह्माण्ड के कानों में एक गन्दी सी गाली बकता हुआ
आ गया चहलक़दमी करते हुए
अपूर्णता के सुरक्षित और सहनशील निर्वात में!

पूर्णता के चेहरे पर
पहली बार यह अफ़सोस झलका कि
संवादों से पहले यह दुनिया कितनी ख़ूबसूरत थी

पर तब तक
फूल आत्महत्या कर चुके थे
पूर्णता 'पूजनीय' हो चुकी थी
संवादों में सिर्फ़ विवाद ठहरे थे
और मनुष्यता के पास बचाने को बस 'चेहरा' बचा था

समय इतना तेज़ भागा कि
वर्तमान के हाथों में अब सिर्फ़ इतिहास रह गया

भविष्य की मृत–देह पर
कई विजयी देश नृत्य कर रहे थे
जिन्होंने खा लिया था सफलतापूर्वक एक–दूसरे की जनता को

और
मैंने एक कविता ऐसे ढूँढ़ ली थी आख़िरकार,
मानो एक अधिक सहनशील ग्रह मिल गया हो मुझे
इसी आकाशगंगा में

मैं बहुत भड़का हुआ था
यह सच है कि मेरा लौटना अब असम्भव है!

एक उजड्ड का बयान

[1]

मेरी राशि का अधिपति एक साँड़ है और माँ कहती है कि
    मैं उल्टा पैदा हुआ था

दोस्त कहते थे
कि निरा उजड्ड है अपना साथी

मेरी उजड्डता उनके लिए एक सुविधा थी पलायन की

'उजड्डता' की इसी पतली गली से निकल भागी थी
मेरी प्रेमिका भी एक दिन

[2]

दस साल का था तो बहुत बीमार हुआ
गंगा के किनारे गले मिलवाया गया मुझे 'बरियार के पेड़' से

अतिशयोक्ति से भरे मेरे रिश्तेदार कहते हैं
कि बरियार के पेड़ में होती है
बहुत उग्रता

यह एक हाथ से जीवन देता है
तो दूसरे हाथ से जीवन–भर की अराजकता

[3]
मुझे ऊँचाइयाँ बहुत पसन्द थीं और सबसे ज़्यादा चोट मुझे
इनसे ही मिली

बहुत ऊँचाई पर सवालों की तेज़ हवा से उड़ती है टोपी कई बार
और ज़मीनी नज़दीकी थोड़ी देर से समझ में आयी
कि यह फिसलने नहीं देती

[4]
मैं बहुत दिन अपनी जाति के अहंकार में बौराया रहा
बहुत दिन किशोरावस्था में किये सुवर–वध की अपनी वीरता पर

बहुत दिन ढँकता रहा
इनसे अपनी कायरता के बीज को
जो कायरों को देख पता नहीं कब पनप गये थे
मेरे भीतर

[5]
मेरी विरोधियों से अपील है कि वह बने रहें और बोलते रहें
मित्रों से चाहता हूँ कि भरोसा करें
एक अकेले दौड़ पड़े साँड़ पर, उसकी सींग पर!

तटस्थों से बस अनुरोध है
कि वह उस सूख गये बरियार के पेड़ पर कतई पानी न डालें,
उसे ख़ुद के लिए बचायें

आपकी फिजूलख़र्ची से कम हुआ एक चुल्लू पानी
बढ़ा देगा इस पृथ्वी पर
जंग खाया एक बेकार मानवीय चुप्पा कलपुर्जा!

[6]
मैंने हँसने का एक शहर ढूँढ़ा
दिल्ली!

मौक़ा–परस्त मुस्कुराहटों से भरा हुआ
और रोने के लिए गीली हवाओं के बोझ से भारी हुआ
एक शहर बनारस!

उदास सिर्फ़ अपने घर में हुआ जा सकता है

बहुत बार अपना शहर देता है
एक मर रहे साँड़ को नयी सींग
नया जीवन!
तो मैं बार–बार लौटता रहा अपने जन्म–शहर
कानपुर!

स्वागत–आतुर कानपुर हमेशा मिलता है लाल कपड़े हिलाता हुआ
साँड़ होने के मायने बताता हुआ!

[7]
मेरी राशि का राजा 'साँड़'
मेरा साथ कभी नहीं छोड़ता

मेरे अतीत में आया बरियार का वह पेड़ उगते–उगते अब हो गया है
एकदम मेरे बराबर

हर तेज़ आँधी में अपनी खौरियायी आवाज़ में
मुझसे कहता है
ओये साँड़, अड़ा रह और तन कर खड़ा रह

तेरी अड़ियल सींग के निशाने पर बैठी यह दुनिया
बहुत मुलायम लगती है

इस दुनिया को जितनी मात्रा में हवा, पानी और नींद चाहिए
उतना ही तू भी मेरी जान!

[8]
यह सुनना बहुत प्यारा लगता है
जब आप धकेल दिये गये हों अपने होने की अनिच्छा से भरे एक गुमनामी कुएँ में

तब एक साँड़ आपको टिकाता है
बहुत थोड़ी–सी ज़मीन पर
और कहता है
यह इतनी भी नहीं बचेगी!
यहीं अड़ा रह और यहीं खड़ा रह

तेरी खाल इस धरती की सबसे चीमड़ खाल है
यह चाहनाओं से नहीं बनी
इसमें घुली हैं एक बग़ावती पेड़ की साँसें और
पगलाये साँड़ का गर्म ख़ून

[9]
तेरी यह खाल जब उतरेगी
तो दुनिया का सबसे मज़बूत जूता बन कर बरसेगी

अपराधियों पर नहीं, सिर्फ़ तटस्थों पर!

तिथियों पर नहीं,
वह बरसेगी 'अपने समय' पर बिना लेट हुए!

प्रेमिकाओं पर नहीं, बरसेगी प्रेमियों की मूर्खताओं पर!

नेतृत्व पर तो कतई नहीं
यह बरसेगी उस जनता पर, जिसने एक साँड़ को रास्ता नहीं दिया

जिसने राजपथ पर गीदड़ों को गुज़र जाने दिया
बिना एक अड़ियल हस्तक्षेप किये हुए
एक अपराधी चुप्पी के साथ!

[10]

जिस साँड़ के बारे में आप पढ़ रहे हैं या सुन रहे हैं
जान लीजिए,
वह आपका समकालीन है
और बिना भयाक्रान्त किये कहना चाहता है कि चिढ़ उसका
स्थायी भाव नहीं है
उसका भाव है तरलता

तरलता जो मौसमों के हिसाब से बदलती है

ठण्ड में जमती है
गर्मी से पिघलती है
और बारिशों की तरह बहती है
वह सत्ताओं के पैर उखाड़ती है

अगर उसके पास एक अड़ियल हुंकार है तो यह उसका दोष नहीं है

वह इस दुनिया में भले ही 'उल्टा' आया है
पर सीधे होने का हक़ उसे भी है

इस दुनिया को चाहिए
कि उसके मुँह न लगे
उसे रास्ता दें और उसकी सींगों की इज़्ज़त करें!

रंग

रंग वह नहीं
जो उड़ जाते हैं अपनी तय उम्र के बाद
या
दूसरे रंग के अतिक्रमण से
असमय मर जाते हैं

रंग प्रमाण है
कुछ भी होने या फिर कुछ नहीं होने का

तभी
बुढ़ापा, उम्र का एक रंग है
और चेहरे का गवाह है उदासी का एक रंग
सुख की मुग्ध आँखों का मुँद जाना भी
एक रंग है

जैसे
नदी का रंग पानी है
और पृथ्वी का रंग सिर्फ़ जीवन
समुद्र के भरपेट होने का उत्सव–रंग उसकी त्वचा लहरें हैं

या कह सकते हो कि

भूख अपने हर रंग में एक गर्म रोटी का चेहरा है
जिस पर कोई अन्य रंग नहीं चढ़ता

जंगल एक आवाज़ है

जंगल गायब नहीं है
वह देर से बोलता है

अपने सन्नाटे की अलौकिक रहस्यमयता लिए
हमारे भीतर चीख़ता है
कहता है
मेरी प्रतिलिपि दूर तक बिखरी पड़ी है
तुम्हारे ड्राइंगरूम के बोनसाई से लेकर स्वीमिंगपूल की उस नक़ली
पहाड़ी नदी तक

जंगल एक अमिट स्मृति है
सड़कों पर छायी सुनसान रात उस बाघ की परछायी है
जो तुम्हारे शहर कभी नहीं आता

जंगल अचानक से हुए किसी हमले की एक खरोंच है
एक ज़रूरी सबक कि जंगल कोई औपचारिकता नहीं निभाता

जंगल एक बाहरी अभद्र नामकरण है

जंगल दिशा मैदान को गयी
एक बच्ची को अचानक से मिला एक पका बेलफल है
जंगल बूढ़े बाबा के शेर बन जाने की एक झूठी कहानी है
जंगल खटिया की बान सा सिया हुआ
एक घर है

जंगल वह है जो अपने ही रास्तों से फ़रार है
जंगल हर अनहोनी में बनी एक अनिवार्य अफ़वाह है

जंगल एक रंगबाज़ कर्फ़्यू भी है
जो तय करता है रात को कौन निकलेगा और दिन में कौन

जंगल जो बारिश में एक चौमासा नदी है
तो चिलचिलाती धूप में बहुत देर से बुझने वाली एक प्यास भी

जंगल सब कुछ तो है पर विस्थापन कतई नहीं है

जंगल एक आवाज़ है
जो हमेशा कहती रहेगी
कि
तुम्हारा शहर एक लकड़बग्घा है
जो दरअसल जंगल से भाग निकला है

एकान्त शोर

शोर का भरोसा न करो
कान सन्नाटे के ज़्यादा शुक्रगुज़ार होते हैं

बहुत बार भीड़ की सिलवटों में छुपा होता है एक बातूनी एकान्त

उसे उँगलियां छू नहीं पातीं, हवा से भी भारी उसके पैर हैं
उसकी ध्वनियाँ धड़कनों से भी मन्द
पर दरवाज़े एकदम खुले हुए!

एकान्त एक बन रहे पर्वत की देह है
उबर रही एक नदी
साँस भरता हुआ समय का एक समुद्र है

जिसे जल्दी हो, उसे वहाँ नहीं जाना चाहिए

वहाँ कविताएँ गद्य में बदल जाती हैं और कहानी काव्यपाठ में

एकान्त की देह से गुज़रता हुआ
एक धूमिल बादल अपने रंग वहाँ छोड़ता है
वहीं से अपने रंग बटोरता है
एक भ्रमित जीवन

एकान्त, भीड़ की चोट का एक मरहम है!

खुले मैदान पर दूर तक बिखरे होते हैं शब्द
पंक्तियाँ, चिड़ियों सी उँगलियों पर आ बैठती हैं

चिड़िया भीड़ का निर्मम तिलिस्म, चुटकियों में तोड़ कर
लौटा लाती हैं
एक आदमी के भीतर का सबसे 'जायज़' शोर!

वह बदसूरत होंगे

पुल

कोई भी पुल एक बार नहीं गिरता है
वह दो बार गिरता है

पहली बार गिरने पर
वह अपने नीचे दबी मृत्यु का सारा भार ले कर
दूसरी बार गिरता है पूरी ताक़त के साथ

उन लोगों पर
जो बच गये थे पहली बार में!

जो पहली बार गिरे पुल के दृश्य को किसी आश्चर्य से नहीं
एक अमिट वेदना से देख रहे हैं

जो चले जाना चाहते हैं उन कुचल गयी देहों के साथ
इस संसार के हर दृश्य से बाहर

खुलना

मैं एक बन्द दरवाज़े सा था
और चाभी उनके पास थी

उन्होंने मुझ तक थपथपाहटें फेंकीं
और दीवारों के कानों में अफ़वाहें उड़ेलीं

उन्होंने पहली बार भाषा के नये व्याकरण की शक्ल में
कुछ सुगबुगाहटें विकसित कीं

उन्होंने चाभी को हाथ भी नहीं लगाया!

उन्हें पता था
चाभी से दरवाज़ा नहीं, वह खुलेंगे

बीच–बहस

उसने कहा क्योंकि उसे कहना था
वह कहता रहा
सुनने वाले को पहले सुनना था फिर कहना था
कहना–सुनना चलता रहा

बहस का दरवाज़ा तोड़ कर सभी शब्दों के अर्थ भाग निकले हैं
यह दोनों को पता था!

कहना और सुनना ज़रूरी था
वह कहते रहे और सुनते रहे

बे–आवाज़

जहाँ भाषा चूकती है
और अर्थ बे–आवाज़ ही रह जाते हैं

जहाँ शब्दों को कोई ईश्वर नहीं मानता

हम वहाँ मिलेंगे
और अपनी चुप्पियों में कहेंगे

कि आवाज़ एक खलल है
इस दुनिया को बिना किसी शर्त अब चुप हो जाना चाहिए!

नयी आँख से

दृष्टि के पैर नाव में बदल जाते हैं
जब वह देखती है
एक नदी

सड़क पर हमेशा नये कपड़ों में खड़ी मिलती है यात्रा
और थकान रहती है
हमेशा युवा
आँख में गड़ती रहती है दूरियों की धूल

एक देह में भरी हैं कितनी सारी आँखें
एक कविता सोचती है
गुज़रते हुए
कानों से

नज़रिया जितने उत्तर नहीं देता
उससे ज़्यादा दे देता है नये प्रश्न

सोचता है एक कवि जितनी बार
देखता है उतनी बार
एक
नयी आँख से

पड़ा रहता है विडम्बना की आँख में
किसी कंकड़ की तरह

बरामदगी

मैं उन कवियों में था
जिनके पास बहुत बार कविता के नाम पर बस एक पंक्ति होती
और होतीं दोस्तियों के नाम पर बस स्मृतियाँ!

मैं ज़्यादा शहर नहीं घूमा था
मेरे पास काव्यपाठों की स्मृतियाँ नहीं थीं शहरों के नाम थे
गोया मैं वहाँ गया
फटाफट कविता पढ़ी और आहिस्ता से एक शहर को
घूँट में भर लिया

मेरे पास दोस्तों के नाम कम थे और सड़कों के नाम अधिक थे

मैं जिन शहरों में घूमा
वह सब एक–एक कर स्त्रियों में बदल गये
जिन शहरों के नाम भर मैंने सुने वह सब स्वप्न में बदले

मैं गिनतियों में शहरों के नाम गिनता और एक–एक करके स्वप्नों को
स्त्रियों में बदल देता

मैं जितने शहर गया मैंने उतनी ही बार प्यार किया

पहली बार दिल्ली गया तो एक कवि से नफ़रत की

दूसरी बार गया तो दो कवियों से नफ़रत और एक स्त्री से प्रेम किया

तीसरी बार जाकर ख़ुद को खूब झाड़ पिलाई
चौथी बार जाते–जाते नहीं गया
पाँचवीं बार एक पुरस्कार को कस के लात लगाई

एक बार भोपाल गया तो शहर से दूर जाकर पत्थरों से पानी पूछा
और कोशिश भर उनके थके पैरों को सहलाया
और जाना, कि 'भारत–भवन' कवियों का मक्का है

झील को देखकर लगा मानो वह पूछ रही हो,
'कवि जी कितने पानी में हो?'

कोलकाता गया एक बार और देखा मैंने
हर सड़क मुड़ रही थी रंगशालाओं की ओर
दूर तक ज़ुबानों में टँगे थे टैगोर!

कुल जमा चार कवि थे हम
हमारी आवाज़ें वहीं शरतचन्द्र के गाँव में गुम हो गयी थीं

चौबीस परगना को जहाँ चूमती थी हुगली नदी
उसके एक तरफ थोड़े जीर्ण और उदास से बैठे थे बंकिमचन्द्र

हमारी आवाज़ें वहाँ लौटीं
वहाँ पहली बार हमने बारिश में भीगती एक नदी से बातें कीं

हम कोलकाता से लौट ही रहे थे कि पूछ लिया
उस बहुत बड़े से शहर ने हमसे

मुझे तो कुछ दिया ही नहीं!

अब हम तीन अवाक् कवि थे, हम तीन उदास सैलानी भी
तीनों ही चिन्ता में पड़ गये और देखा एक–दूसरे की ओर

छोड़ा अपना एक–एक पाँव, वहीं हावड़ा के पास!

और
तमाम अर्थों के साथ कहा,
'चलते हैं हम, लौटते हैं हम!'

शहरों से ज़्यादा यात्राएँ मेरी स्मृतियों के नाम रहीं
मेरे कानों ने शोर से ज़्यादा मेरी ही चीख़ें सुनीं

मैं बहुत बार एक पहाड़ की तरह चीख़ा, झरने की तरह रोया
मैं मोमबत्तियों से कई बार बूँद बन कर लुढ़का
कई बार मैंने एक आकाशीय मौन ओढ़ा

हवा में नमक फैलाते कई बार रंगे हाथों मैं गिरफ़्तार हुआ

जमा–तलाशी में मेरे पास कुल तीन चीज़ें बरामद हुईं
एक अधूरी नींद, एक टूटी हुई पंक्ति
और मिट चुकी रेखाओं वाला एक नक़्शा

मेरी पीठ के निशान सबके सामने थे!

मैंने सबसे कहा,
मुझे एक घाव खाये आदमी की तरह नहीं देखा जाये
मैं भीड़ के द्वारा आधी चबाई जा चुकी एक देह हूँ

मुझे जब देखना, आधा देखना
मेरा आधा, मेरे पूरे पर बहुत भारी बैठता है

मेरा कहा, बस आधा सुनना
मेरा आधा कहा, मेरे पूरे कहे से अधिक पवित्र है

मैं जब बच्चा था, तो आधा ईश्वर था!
जब आधा प्रौढ़ हुआ तो मैं था पूरी लज्जा से भरा हुआ

मैं अपने दाह से आधा बचा, तो कवि हुआ!

मैंने पूरे प्रेम के गीत नहीं गाये
मैंने गाये आधे–अधूरे रह गये प्रेम के गीत!

मैं जब एक समूची पृथ्वी के पक्ष में हुआ तो एक उदास गीत
आधे रास्ते में छूट गया

मैं एक ठहरी हुई अधूरी कविता हूँ जिसे एक अधूरी सिसकी में
चबा लिया गया

मैं मेरी कविता में आधा कवि, और पूरी चालाकी हूँ!

मुझसे मिलना हो, तो याद रखना
कि कैसे एक बार,
एक पूरा खो गया कवि
अपनी अधूरी कविता में बरामद हुआ था!

जूता

बेईमानी एक पैर का जूता है
ईमानदारी के दूसरे पैर के जूते के साथ जीवन भर चलता हुआ
क़दम से क़दम मिलाता हुआ
हर अगले क़दम पर ईमानदारी को पीछे धकेलता हुआ

आप उसे उतार नहीं सकते,
आप सिर्फ़ इतना कर सकते हैं कि समय रहते दूसरे पैर को आगे लायें
ताकि बच सकें आप
और मुँह के बल धड़ाम से न गिरें।

घड़ी

बहुत से लोग मिलेंगे
जिनके हाथों में घड़ी होती है
या उन्हें समय का पता होता है
फिर भी वह पूछते हैं हर किसी से
तुम्हारी घड़ी में क्या बजा है?

क्या बजा है यह मुद्दा नहीं है

वह सोचते हैं
कि यूँ ही बैठे–ठाले एक शहर को यह याद दिला देने में
    क्या बुरा है कि उसकी घड़ी में क्या बजा है

वह सोचते हैं यह चेक करने में क्या बुराई है
कि उनकी घड़ी इस शहर से कितना आगे–पीछे है

सिगरेट

सिगरेट आपको यह मानने की सुविधा देती है
कि आप इसे पीते हुए भीतर का सारा कालापन
धुएँ की शक्ल में बाहर उगल रहे हैं

जब आप सोचते हैं और एक कश खींचते हैं,
आपको लग सकता है
कि यह विचार जो अभी–अभी बाहर से भीतर आया है
वह आपके इस कश की प्रतीक्षा में
पता नहीं कब से पर्यावरण में एकदम बेकार पड़ा था

एक सिगरेट
आपको दिन भर में कई बार शुक्रगुज़ार होने का मौक़ा देती है

शब्द नहीं, एक पूरा देश है

शब्द, शब्द की तरह नहीं आये

वह आये थोड़ा सकुचाते हुए
और मैंने पूछा कैसे हैं आप!

शब्द जो प्रत्यक्ष थे, स्वतः प्रमाणित थे
आश्चर्य से भरे हुए वह दुबारा आये तो अपने कपड़े उतारे हुए
और मैंने फिर पूछा मैं आपके लिए क्या कर सकता हूँ

लौट गये शब्द इस बार आये, तो करुणा से भरे हुए थे
दुख की छाया उनकी और बढ़ गयी थी
जब मैंने उनसे पूछा नहीं!
सिर्फ़ बताया मैं आपके लिए कर ही क्या सकता हूँ

इस बार शब्द आये तो
अपमान और गुस्से से जले हुए
आधे गले में फँसे और कुछ हिचकी के साथ बाहर निकले हुए
उन्हें एक निःशब्द और निर्विकार चेहरा मिला

वह लौट गये!

शब्द जो शब्द की तरह नहीं आये थे
चुभते रहे एक चुप्पे मनुष्य के भीतर बहुत देर तक

इस बार वह आये तो मैं कह दूँगा उनसे
मैं करूँगा कुछ न कुछ आपके लिए

पर शब्द नहीं आये उनकी आहटें आती रहीं
पदचाप बजते रहे कानों में

कि एक सुबह मैंने देखा!

एक देश को 'शब्द' जिसकी पीठ पर शहरों–गाँवो और मुहल्ले के
घरों की तरह उग आये थे

मैंने देखा मेरे कपड़े हवा में उड़ गये हैं
एकदम नग्न/लालभभूका चेहरा लिए हुए

मैं किसी शब्द की तरह नहीं
किसी उत्तराकुल प्रश्न की तरह!

एक चुप्पे मनुष्य की ओर दौड़ जाना चाहता था

उस धूर्त मनुष्य की ओर
जिसके बारे में माना जाता है कि उसका चेहरा बुद्ध से मिलता है

जो अपनी कविता में एक 'निर्दोष व्यक्ति' है

कोयला

उन्होंने गुफाओं को देखा
और मकान बना लिए

उन्होंने नदी देखी
और फटाफट सड़क बना ली

पेड़ देख कर पहरा सजाया
पानी से सीखा हर जगह से कैसे बिठाना है अपना तालमेल

पहाड़ देख वह चढ़ना सीखे
झरना देख गिरने का सलीका

साँपों को देखकर जाना क्या होती है लय
वह गोल–गोल घूमे और बड़ी सी पृथ्वी नाप ली

पहले–पहल उन्हें सिर्फ़ आवाज़ों से प्रेम था
फिर उन्होंने भाषा बुनी
भाषा ने फिर उन्हें बुना और बिगाड़ा भी

उन्होंने हाथों में दो पत्थर लिए और घिस–घिस कर आग जला ली
आग देखा, तो वह भय से काँप उठे

उन्होंने बार–बार आग पैदा की
उन्हें लगता था कि भय से वह सब कुछ जीत लेंगे

यह पहले से तय था
कि उनके हिस्से में कोयला ही आयेगा!

टिके रहने का सौन्दर्य शास्त्र

वह बदसूरत होंगे
रुकी हुई एक बासी झील के बगल से
एक नदी की लज्जा ओढ़ कर निकल जायेंगे!

वह धीमे चलेंगे
पर मुक्त होंगे ठहरे होने के अपराध–बोध से

समझौते की पाप सन्धि से बाहर
एक अराजक दृश्य रचेंगे

पुरानी होती देह पर घाव खायेंगे
और अपने वक़्त की सबसे निष्पाप श्वास लेंगे

वह एक लुप्तप्राय प्रजाति हैं उनकी भाषा में समा जाती है
  एक पूरी पृथ्वी

'रुकने' और 'टिकने' को बार–बार परिभाषित करते हुए
वह लगातार नये की ओर चलेंगे

वह बदसूरत होंगे
पर दृश्य में सबसे सुन्दर होंगे!

वहाँ एक प्रेतात्मा सोयी है

छत्तीसवाँ बसन्त (ग्लानि यात्रा का एक पड़ाव)

ऐसे समय में
जब सूख चुके वृक्ष गिरने को तैयार नहीं थे
और पर्वत इमारतों से छोटे होकर भी अपनी जगह नहीं छोड़ रहे थे

भाषा संक्रमण के दौर में भी अपनी बात कहे जा रही थी
लग रहा था मानो पूरी सभ्यता ही प्रतीक्षित हो
अपने पुनर्वास के लिए

जब तीस–एक पार कवि गोलियाँ खाकर भी
विचारों को जीवित किये थे
मैं छत्तीसवाँ बसन्त पार कर लेने की ग्लानि में डूब चुका था

एक क्रान्ति प्रतीक्षित थी पर मैं मोर्चे पर नहीं
सम्भोग में था/भय में था

राष्ट्रवादिता
जिस देश में अपने अर्थ खोज रही थी
और नृशंसता तलाश रही थी ख़ुद के लिए सभ्य अर्थों वाले शब्द
हर कोई वहाँ
एक आवरण–अनिवार्यता में लिप्त था

ऐसे देश में, जहाँ जनता चाहती थी
उनकी लड़ाई कोई और लड़े
और कविता चाहती थी प्रोडक्टवाद से आज़ादी

छुपे चेहरे वाले कवि,
क्रान्ति चीख़ कर अपने असली चेहरों संग निकल भाग रहे थे
और लोर्का की आत्मा
इन नक़ली लड़ाइयों से चिढ़कर
स्वर्ग में पुनर्जन्म की माँग पर उपवास पर थी

कि मार्क्सवाद कब आयेगा कवि!
कि यह दुनिया कब बदलेगी
तुम्हारे दावों से परे सबसे पीछे खड़ा आदमी अभी तक नंगा है

मैं छत्तीसवें बसन्त की एक शव–यात्रा ढो रहा था
और एक लज्जित युग मेरी मृत्यु की कामना में लीन था

कामनाएँ हर ओर से आ रही थीं
और हर क्षण बदलता एक आकाश बुन रही थीं

(फिर भी एक दुनिया बदलने को तैयार नहीं थी)

यह मेरा युग था
मैं कविताएँ लिखता और सो जाता था

औरत के बग़ैर

दुनिया के सारे सूप मिथक में बदल गये हैं
सारी चक्कियाँ दिन की तरह बहुत भारी चलने लगीं
    अब बलखाया मोड़ नहीं काट रही कोई भी नदी

घरों की दीवारें पपड़ियाँ छोड़ रही हैं
बच्चे सीख ही नहीं पा रहे ठीक से नींद लेना
और आदमी तो भूल ही गया है ठीक से जागना भी

एक औरत के बग़ैर
यह आकाश सूखे बादलों का सिर्फ़ एक झुण्ड है
औरतें जाने से पहले, प्रार्थनाओं का फैला हुआ सारा रहस्य
    उतार ले गयी हैं आकाश से

अलमारियों की गुप्त–गुहाओं में जमा था जितना भी भरोसा
यह औरतें सब ख़र्च कर गयी हैं

इस दुनिया को चाहिए
कि जल्द से जल्द ठीक से सुनना सीख ले
और सोना भी

एक औरत तुमसे क्या माँगती थी?
वह तुम इन दो चीज़ों से जान लोगे

तीसरी चीज़ तुम्हारी हदों से बाहर की बात है

वह है औरत होना
इस दुनिया के भीतर 'रहस्य' की साँसें भरना
और अपने होने का एक भरोसा देना

एक औरत के बिना इस दुनिया को देखो
और उस तीसरी चीज़ को महसूस करो

तुम्हें जैसे ही थोड़ी शर्म आयेगी
गयी हुई औरत इस पृथ्वी पर लौट आयेगी

एक ताज़ातरीन सुबह और बेसुध नींद के साथ!

'प्रेतात्माओं का स्वाँग'

प्रेतात्माएँ पेड़ों से उतर कर दौड़ रही हैं
हँस रही हैं लाइब्रेरियों में
उन्होंने मेकअप की दुकानों को लूट लिया है
वे देव मन्दिरों के बाहर से नग्न गुज़र रही हैं
अपने रज का तिलक पुजारी के माथे पर लीप कर
एक प्रेतात्मा ने कहा है
ये तुमसे नहीं धुलेगा अब!

अज़ान से तेज़, अब इनकी आवाज़ है
ट्रकों और टैंकों पर सवार होकर वे रौंद रही हैं तमाम
  धर्म संहिताओं को
स्त्री–वर्जनाओं के तमाम इतिहासों की क़ब्रें
अब खुली पड़ी हैं
पोप की कुर्सी लूट ली गयी है
धर्मदण्ड अब एक उद्दण्ड प्रेतात्मा के हाथ में है

प्रेतात्माएँ खेल रही हैं समय–सुरंगों से
खींच निकाल रही हैं हर इतिहास अपराधी को
और घुस गयी हैं सब एक श्मशान में
ढूँढ़ रही हैं जिनकी पत्नियाँ मर गयी हैं उनके पुरुष कहाँ हैं?
सतयुग की सतियाँ भी शामिल हैं प्रेतात्माओं की इस भीड़ में
और उनके हाथों में हैं
अपनी चिता से बची, जल रही लकड़ियाँ!

वे ईरान की खुली सड़क पर नग्न दौड़ रही हैं
और निकल रही हैं सबकी–सब अरब की पवित्र गलियों में
बनारस के घने बाज़ार तक में घुस गयी हैं वो
और लिख दिया है हर मूत्रालय के बाहर
ओनली फ़ॉर लेडीज़!

रातों–रात बदल गये हैं सभी मेडिकल स्टोर्स के बाहर लगे विज्ञापन
काले अभिशप्त हाथों ने लिख दिया है
सेनेटरी पैड्स, अब से टैक्स फ्री!

दुनिया भर की व्यवस्थाओं को धूल चटा कर
वे ढूँढ़ रही हैं मुल्लाओं को
वे ढूँढ़ रही हैं सत्ताओं को
खेल रही हैं खुली सड़क पर
और बालों को पटक रही हैं सहेलियों के चेहरों पर

गा रही हैं सामूहिक स्वरों में
ढोल–गँवार–तुलसी और पापी
ई सब है ताड़न के अधिकारी!

प्रेतात्माएँ
कायर नैतिकता से भरी
इस दुनिया पर फैल गयी बारूदी गन्ध हैं
वे तमाम विमर्शों के सफ़ेद मुँह पर धड़ाम से गिरी
एक काली अराजकता हैं
तमाम मान्यताओं के कुएँ में भाँग सी घुल गयी
एक अवहेलना हैं

अब स्त्रियाँ भी इस भीड़ में आ मिली हैं
मिला रही हैं वो क़दमताल उनके नृत्यों में

प्रेतात्माएँ धीरे–धीरे ग़ायब हो रही हैं
अपने नख, दन्त
अपने दौड़ते पैरों को छुपा दिया है उन्होंने अपने जीवित प्रतिनिधियों में
समय–सुरंगों की चाभियाँ अब स्त्रियों के हाथों में चमक रही हैं

स्त्रियाँ धीरे–धीरे अपने घरों में लौट रही हैं

दुनिया के कई हिस्सों में ख़बर है कि प्रेतात्माएँ कहीं नहीं गयी हैं
आपके घर अभी–अभी जो स्त्री लौटी है उसे ध्यान से देखिए
उसकी आँखों में जो अवज्ञा की एक छाप है
वहाँ एक प्रेतात्मा सोयी है

आप सोच सकते हैं कि इन प्रेतात्माओं के पुरुष–प्रेत कहाँ हैं?
थोड़ा खँगालेंगे तो पायेंगे
जो पुरुष–प्रेत इस भीड़ का हिस्सा हो सकते थे
वह आपके भीतर कब के मरे पड़े हैं

जब वह प्रेम करती है

गुलाब सी खाल में भरी हैं ढेरों मछलियाँ
पनीली दो कटोरियों में जागते हैं स्वप्न
सोती हैं कुछ कामनाएँ अधखिले होठों पर

उस स्त्री के भीतर उग आया है एक पुरुष
प्रेम की पहली परिभाषा अब उसकी श्वास के उतार–चढ़ाव में है

और दूर खड़ा, एक अकेला पुरुष
टटोल रहा है हवा के हाथों में अपने पहले प्रेम की जवाबी स्वीकृति

और सोचता है
एक दुनिया जिसे अब तक बन जाना चाहिए था
जो अभी तक बनी ही नहीं

वह स्त्री मुस्कुराती है
मानो देख ली हो उसने चुपके से एक पहली झलक
उन मछलियों की जिनकी पीठ पर पुरुष का नाम लिखा है
स्त्री एक वाचाल नदी में बदल रही है
अपने बालों को उलझा दिया है उसने उन्हीं मछलियों की पीठ में
मछलियों की यात्रा पुरुष तक जाने का ब्लू–प्रिंट है
अब नदी कुएँ जितनी गहरी है
पुरुष समुद्र सा उथला!

पुरुष की आँखों में जो दुनिया एक स्वप्न है
वह दुनिया अब उस स्त्री के हाथों में है!

वो बार–बार प्रेम करेगी
तब तक करेगी जब तक पुरुष की पीठ पर न उग आये
 एक बड़ी सी मछली
स्त्री चाहती है पुरुष उस मछली की आँख से दुनिया देखे

स्त्री अपने बालों को झटक सारी मछलियाँ आकाश में उछाल देगी
कि उस नयी दुनिया की हर बुरी नज़र
मछलियो तुम ख़ुद पर ले लो!

स्त्री

वह संसार देख रहे थे
वह यात्री हुए

उन्होंने दुख देखा तो कई बार बुद्ध बने

आकाश देख साधु हुए
पहाड़ देखकर वह पुरुष हुए

वह कौतूहल से भरे थे, वह बच्चे हुए
अब एक पूरी पृथ्वी उनके मुँह में समा सकती थी

जब उनकी जिज्ञासा का भूत उतरा
तो उन्होंने इन सभी को फिर से देखा

उन्होंने फिर से देखा, क्योंकि वह उनके प्रेम में पड़ गये थे

वह अब चुप हुए
वह इस बार स्त्री हुए!

एक महीना और चार दिन

रोनाल्डो के देश में
ईयर फ़ोन कानों में लगाये
किसी अनाम बीच के किनारे छोटे घर में
ब्रूम– ब्रूम चिल्लाती
उछलती है वह चिट्ट गोरी लड़की
नहीं जानती कौन है उसके देश का राष्ट्रपति

दिन में तीसरी बार नहाती वह अपने भूरे बालों पर खिसियाती है
 सुखाती है,
गिनती है अब बस एक महीना और चार दिन बाक़ी हैं
 उसके सोलहवें साल में,

और नापती है अपनी छाती,
फैलती है एक अबूझ टेढ़ी बिजली उसके पतले होंठों पर

वह एक महीना चार दिन बाद उम्र भर जोड़ी गयी
 सारी सीपियाँ वापस कर देगी उसी समुद्र को,

उसकी माँ ने कहा था
तुम ख़बर भेजना
दोस्त मछलियाँ सीपियाँ चुग कर बदल जायेंगी
एक सफ़ेद हार्नबिल में,
और उसकी माँ के कान में बोल देंगी
जो तुम्हारी बेटी थी न, अब बड़ी हो गयी है

दिन–भर बौराई लड़की
अब अपना चेहरा बदलती है
और हो जाती है किसी ऊबे हुए भारतीय गाँव की उदास लड़की

वह नहीं चौंकती है
जानती है सुबह का उसका सपना हमेशा झूठा निकलता है

वह पकड़ती है अपनी छाती
और याद करती है
उसके मसले जाने का पहला दिन,
दिन की पहली गाली वह अपने फूफा के नाम करती है
और गिनती है अब बस एक महीना और चार दिन बाक़ी है
    उसके सोलहवें साल में

दिन भर काम में खटने के बाद
वह लड़की रात को फिर बन जायेगी
एक ब्राजीली लड़की!

एक और प्रेम के लिए

मैं इतना कृतज्ञ था
कि मैंने उदासी को एक जश्न की तरह जिया

इतना क्रूर हुआ कि अपनी पीठ पर चाबुक लकीरों से अपने पहले
प्रेम की पाठ–भाषा रची

मैं इतने दुःख में हुआ कि सुख के हरे उपहारों को हताशा के
पीले पत्तों सा चबाया

इतना विद्वान हुआ कि मुक्ति की चाह में सब कुछ विस्मृति के
हवाले किया

मैं इतना बड़ा कायर हुआ कि चाहता था सातों महाद्वीप के
आगे तक हो मेरा पलायन

इतना बेवकूफ़ कि फिर से तैयार हुआ
एक और प्रेम के लिए

उसने जाना था

जामुन से अपने हिस्से की रात उधार लेकर
उसने आँखों में दो बूँद इच्छा रोपी थी
एक स्वप्न उगा था फिर

देह में दुख की एक रिस रही कोख भी है
उसने जाना था

आवाज़ में कोई अनन्त प्रतीक्षा छुपी थी
पुकार से जाना उसने

उसने जाना आकाश के भीतर बैठी हैं समस्त प्रार्थनाएँ

वह समुद्र के मौन–शोर में पनाह माँग रही थी
कि उसके चेहरे पर टपक पड़ी
एक नवजात नदी!

उसने जाना कि एक नदी का साथ होना भर ही काफ़ी है

उसने जाना कि कितना सुन्दर है
नमक घुली मुस्कुराहट के साथ आईने के भीतर जाना

वह नहीं गयी फिर कहीं!

उसने शाम होते ही एक चुटकी सिन्दूर हवा में उड़ा दिया
और उसकी सभी स्मृतियों के चेहरे चमक उठे

यह पहली बार था
कि एक उदास नदी से समुद्र ने उसकी गहराई माँग ली!

सभ्यता की उदास आँखों में

वे थे

[1]
वे थे,
अपने होने की तमाम आपत्तियों के बाद भी
वे थे राजधानियों के गाल पर उग आये किसी चेचक के दाग से,
मॉल में आ गये किसी अवांछनीय वस्तु की दुर्गन्ध से,

वे थे,
अपने घरों में टाट के पर्दों के पीछे ख़ुद को छुपाये हुए
कॉलेज के जमाने की प्रेमिकाओं के बदल जाने पर
ख़ुद का तालमेल बिठाते हुए

वे थे,
जबकि उन्हें नहीं होना चाहिए था
यह अधिकांश लोगों की राय थी!

वे थे,
उनके ड्रॉइंग रूम में पड़े
अख़बार के दूसरे–तीसरे बिना पढ़े छूट गये पन्नों पर,
दरवाज़े को ठकठंकाते दूधवाले के भेष में,
उनके स्कूल गये बच्चों को समय से घर लाते हुए
वे थे, हर तरह से अपनी अनुपस्थिति को नकारते हुए

और सबसे आश्चर्यजनक बात यह थी कि वे जो थे
बहुमत की राय से ख़ुद को सहमत पाते थे

भारी उचाट मन से सर को झुकाये
अपने होने की लज्जा के साथ गले तक ज़मीन में धँसे,
सड़क पर
अचानक से सामने आये
उनकी कार के ब्रेक और हॉर्न के बीच
किसी भद्दी सी गाली के सम्बोधन–परिचय में
वे थे!

[2]
उनका आना
किसी ठण्डे मौसम के आने की आहट नहीं था

वे आये,
क्योंकि वे कहीं और नहीं जा सकते थे
सड़क पर पड़ी हुई धूल को उड़ाते
असमय आ धमके गर्म मौसम की ख़बर जैसे

पर वो शहर किसी मछली की चिकनी पीठ में बदल गया था
और टिकने की लाख कोशिशों के बाद भी
वे फिसल गये

वहाँ,
उस अगले शहर में,
जहाँ उन्हें आना तो नहीं था
और जिस शहर को मछली की पीठ में बदलना भी नहीं था

जबकि उन्होंने चाहा था कहीं टिक कर सुस्ताना
और ठण्डे मौसम में बदलना
पर वह फिसलते रहे और देखते रहे
कछुए की पीठ से शहरों को मछली में बदलते

एक चलती हुई सड़क
किसी अनिवार्य यथार्थ की तरह उनके पैरों में बँधी थी

और जो कभी नहीं बदलती थी!

[3]
वह क्रोध में थे पर शान्त थे
वह असहमत थे,
पर समझाये जाने पर सहमत हो जाते थे!

वह औसत बुद्धि के नहीं
पर यह ज़ाहिर करते थे कि वह समझाने वाले से कम बुद्धि के थे

उन्होंने अपने जीने के तरीक़े में
इस सामान्य समझ को शामिल किया हुआ था
कि जो ताक़तवर थे वही बुद्धिमान थे
वह उन्हें शान्त रखने में सफल थे
क्योंकि जानते थे
ताक़तवर का क्रोध परिणामोन्मुखी होता है

वह एक हथेली को
दूसरी हथेली पर मार कर कसमसाये लोग थे
जो ऊपर से शान्त थे
जो सब कुछ समझने के बाद भी समझाये जाते थे

वह जो थे,
बेहद समझदार थे!

[4]
अपने समय की भूल–सुधार प्रक्रिया से खिन्न
वह कोई था
जो चाहता था प्रतीक्षा के ठहरे पलों का और गतिमान होना

और
जो चलते रहना चाहता था
पृथ्वी के घूमने की रफ़्तार से तालमेल बना कर

जो चाहता था कि रात और दिन उसके हिसाब से हो
जो बारिश में भीगे तो मन भर भीगे
जो जीभ फिरा लेने भर से
अपने स्वाद में आम की उपस्थिति चाहता था

जो माँग करता था
असमंजस से भरे हुए सभी चौराहों से
कि अब हर सड़क एकदम सीधे चलेगी
जो अपने जूतों के तल्लों में
तितलियाँ बाँध हवा से हल्का होना चाहता था

जो ग़ायब तो था
पर हर किसी में मौजूद था!

[5]
भयानक स्मृतियों के जंगल से
बच–बचा कर
उन्होंने,
एक बीच की राह निकाली थी
सान्त्वनाओं की एक नदी जहाँ उन्हें छूकर गुज़रती थी

वे जीने की ज़िद से भरे हुए लोग थे
वह नहीं चाहते थे
कि उनकी आँखों में जमा हुआ नमक पानी में बदले
वह भूलना चाहते थे
कि कभी उनकी नस्ल जब–तब पैरों के अँगूठे से
जमीन कुरेदने लगती थी

उन्होंने अपने लिए आग माँगी थी
और वह चाहते थे
दूर कहीं चीख़ता हुआ स्मृतियों का वह अमिट जंगल
धीरे–धीरे ही सही
एक दिन पूरा जल जाये!

हमारी जाग

जहाँ सभी सोये पड़े थे
वहाँ एक जाग लिए मैं सब तक गया
गया उनके पास
जो खुली आँखों से सो रहे थे
और वासना की ताप पर रो रहे थे
कि उन्हें प्रेम हुआ है!

मैंने उन्हें बस एक फूल दिया और आगे चला गया

पहुँचा एक स्त्री के बगल में
अभिसार के बाद
एक तृप्त सोयी स्त्री को जी भर के देखा
और जाना
कि कभी–कभी सोना जागने से ज़्यादा सुन्दर होता है

बच्चों से भरे एक गाँव भी गया
और बड़े विश्वास से कहा
बच्चो, पीपल वाले कुएँ में कोई भूत नहीं है

और लौटा मैं, पर अपने घर नहीं
ठिठक गया
पगडण्डी पर तैनात खड़े
मेरे मृत दादा के अकेले जीवित बचे साथी के पास

और उस बरगद की पीठ थपथपायी
एक भुलाया जा चुका लोक–गीत गुनगुनाया
और कहा रात हुई सो जा!

और कहा
उस कभी न सोने वाली अथक घूमती नृत्यांगना को
धन्यवाद हमारे लिए इतना जागने के लिए

आकाश ने कुछ ओस बूँदें उपहार में मुझ तक फेंकी
जो नींद की परछाईं सी
मुझ पर छा रही थीं

मैं बस इतना कह सका
सुनो, ओ जीवन देने वालो!
कल हम सब एक साथ जागेंगे

और मैं सो गया!

यूँ बनता है एक आदमी

यूँ बनता है एक आदमी
थोड़ा–सा डर बटोरे हुए जो कहता है
मैं नहीं डरता

चलने से पहले बहुत बार ठिठकता है
और जेब में पड़ी भाषा की गिन्नियाँ टटोलता है
उसके बाद आदमी नहीं
उसका जोड़–घटाव चलता है

जैसे नफ़रत चलती है जैसे सत्ता के पैर नाचते हैं
जैसे लड़खड़ा जाती है एक उम्र
बिना पिये ही

आदमी ही बताता है सबसे ज़ोरदार नशा होता है समय के प्याले में
वह जितनी बार तौला जाता है जितनी बार गिना जाता है
मायूस होता है जितनी बार
वह उतनी बार ही अपनी खाल छोड़ता है
और एक नयी खाल ओढ़ता है

वह स्त्री से बोलता है दुनिया की सुन लेता है
और टिकाये रहता है स्मृतियों के पैर
बेमतलब के पूर्वजों के पास वह आता जाता है

बहुत बीमार होकर भी कहता है अपनी देह से

मैं ठीक हूँ एकदम

इतना सब होने के बाद भी वह एक आदमी गिरता है
एक लँगड़ी सभ्यता की गोद में
और कहता है
मैं तुम्हारा सबसे ज़रूरी पुर्जा हूँ

एक लड़की ढाँपती है अपने सीने को
और देखती हैं नज़र कैसे बदल गयी
एक आदमी में,

एक औरत चुपचाप देखती है
आहिस्ता–आहिस्ता पुत्र के भीतर से बाहर आते पिता/पति के चेहरे को

जगहों के सिमटने का मौसम कितना क्रूर होता है
देखता है एक बूढ़ा पिता
ढूँढ़ता है अपने खेत में बँटती हुई ज़मीन के भीतर
    ठहरने की कोई जगह

उचककर देखता हुआ बच्चा
कन्धे से उतरता है आहिस्ता
एक क़दम तेज़ चलकर निकलता है अपनी उम्र से बाहर
हो जाता है एक आदमी

एक बच्चा चढ़ता है घोड़े पर
और बन जाता है आदमी

एक बच्चा देखता है स्त्री को
देखते–देखते
उसके हाथ से कट जाती है बचपन की पतंग
वह दुख से रोता नहीं,
वह सड़क पर दौड़ता है और लूट लेता है मौक़े से भरी एक पतंग

'मौक़ा' उसे बदलता है एक आदमी में!
बहुत बार मरता है एक जल्दबाज़ पिता
और बन जाता है
बारह साल का एक लड़का
तेज़तर्रार आदमी

कॉलेज से बाहर धकेल देती है
उच्च प्रतिभा–प्रतिशत के शेयरों–सी उछलती एक मार्कशीट बहुत बार
बहुत बार आदमी बनते ही दौड़ लगाती है बाज़ार की ओर
बाज़ार सिद्धहस्त है
वह अधबने कच्चे रह गये बच्चों को बदल देता है आदमी में

एक बच्चा गिरता है एक सुनसान सड़क पर
आसपास कोई नहीं होता
अचानक वहीं चढ़ता है बड़े होने का बुख़ार पहली बार एक बच्चे पर

एक बच्चा बुख़ार को छोड़ता है
बिस्तर में,
घर की ऊबी बन्द दीवारों के पार ले जाता है
कौतूहल से जगमग अपनी आँखों को
और झाँकता है
सभ्यता की उदास आँखों में

छोड़ता है ढेर सारा भरोसा
और कहता है मैं चलता हूँ अब!

वह लौटता है बड़ा होकर
माँगता है वापस
उस सभ्यता से अपनी उम्र

सभ्यता प्रेमिका की तरह तड़पती है
सभ्यता बारिश की तरह गिरती है

और
बूढ़े पत्थरों को चाट कर कहती है
उम्र का स्वाद लिया है तुमने
तुम्हारे हाथों से अब काग़ज़ की नाव नहीं बन सकती
जिस पर ढोते हुए मैं ला सकूँ
बचपन बोने का बीज

सभ्यता बड़ी बहन–सा दे देती है जमा किया अपना सारा हिस्सा

आदमी तब टूटता है
और एक ऐंड़ लेता है समझदारी से भरी हुई

साथ–साथ चलते हुए दोनों समय के दरवाज़े को ठोंकते हैं
आदमी चुप रहता है सभ्यता बोलती है
बात करती है और भरोसा देती है!

दरवाज़ा खुलता है–
और एक आदमी कविता से निकलकर
औंधे मुँह गिरता है
किसी कहानी में

यूँ बनता है एक आदमी
जैसे घुसता है व्याकरण एक भाषा के भीतर
आदमी घुसता है कहानी के कपड़े पहनकर
एक बच्चे के भीतर

और लाकर पटक देता है
पकती हुई उम्र की खड़ी कगार वाले एक टीले पर
बहुत बार उस टीले से उतरता है एक बच्चा
और फुदक–फुदक कर चलता है

वह तारीख़ों के / देशों के / पेड़ों के / पूर्वजों की तस्वीर के
और तमाम असमय घट रही घटनाओं के गाल चूम–चूम कर
लाल कर देता है

नदी, आकाश और मौसम का हाथ पकड़कर
चढ़ जाता है फिर उसी टीले पर

आदमियत की अपनी उतारी हुई खाल को देखता है
उसे फिर से ओढ़ता है

थोड़ा रुआँसा होता है
और कहता है

मैं बचा लूँगा सब!

आत्मा से देह तक

मैं बचा रहा
इधर–उधर के दुखों से
आत्मा के प्रलाप का आत्मसुख पीती एक देह
जितना जी सकती है
जितना हँस सकती है
और जितना रो सकती है
उतना मैंने एक देह को थकाया है

मेरे एकान्त में बार–बार चले आते हैं मुक्तिबोध के दिवास्वप्न
बार–बार एक देह पढ़ती है बच्चन की जीवनी
अज्ञेय की सलाहें देर तक समझाती हैं मेरी अवज्ञाओं को
मैं समझ ही नहीं पाता,
मेरी आत्मा ने जिस देह को ओढ़ रखा है
उसके थकने पर एक आत्मा क्यों नहीं थकती

नेरुदा को चाहिए कि वह लौट आयें
एक आत्मा से अधिक एक देह को ज़्यादा ज़रूरी है समझाना
कि कैसे पृथ्वी एक जड़ है
मैं उनसे कहूँगा एक देह के दुस्साहस के पीछे
आत्मा की साज़िश है

कहूँगा कि,
यह जो आपके साथ चल रही है 'देवानन्दपुर' की पगडण्डियों में

शरत दा, यह देह मेरी ही है
मुझे ऐसा लगता है आपकी देह ने इस देह के कान में कुछ कहा है
कानपुर के भीड़–भरे एक चौराहे पर
मेरे नाम की एक देह बरामद हुई है
आप समझिए
इसका अन्तःपुर हुगली के पार है

समकालीन, इस देह को अपने–अपने पूर्वाग्रहों की कसौटी पर कसते हैं
उन्हें बार–बार एक छद्‌म यथार्थ मिलता है
मैं समकालीनों से किसी युवा–सा मिलता हूँ
और यथार्थ से किसी अधेड़–सा
स्मृति और भविष्य के समुच्चय के बीच जो जगह खाली है
मैंने कल्पनाओं की एक चादर वहाँ बिछा दी है

एक देह के लिए अब सिर्फ़ अन्धकार बचता है
वहाँ भी एक दिन मेरी आत्मावज्ञा कहती है
मैं किसी झरने–सी तुम्हारी देह में गिरती ही रहूँगी
बनी रहूँगी
तुम्हारी देह का एक उदास चेहरा

मैं अँधेरे में हाथ उठाकर किसी भाषा में लिख देता हूँ
प्रकाश से सुन्दर कुछ नहीं!
एक देह जितना हो सकता है अब उस अँधेरे में चुप रहती है

मैं 'वे दिन' को पढ़ रहा हूँ तो जान रहा हूँ
अकेलेपन में कितनी भव्यता है
'रेहन पर रग्घू' के पन्नों में छुपी नसीहतें जगाती हैं
कि नामवरों का हासिल कुछ नहीं!

एक आत्मा एक देह से पूछ बैठती है
तुम आख़िर करना क्या चाहते हो

दस हज़ार फ़ीट की किसी अनाम ऊँचाई से वीरेन डंगवाल कहते हैं

सुनो राम सिंह!
मैं 'सुनो वीरू' सुनता हूँ

एक आत्मा एक देह से अब सहमत है साहब!
कविता को ख़त्म करने के लिए इससे सुन्दर जगह
कोई और नहीं

उदासी

अपनी बजती धुन में
देह से बहुत दूर छिटक गयी एक फ़रमाइश है
एक दस्तक है उदासी आत्मा के बन्द दरवाज़ों पर
चेहरे का अपने पुराने घर लौट आना है उदासी

भीगने से पहले का भीगना है
उदासी में उतर जाना

और

समय की देह पर जमे पीले अवसाद से कहना
कि चलो बीतने की ओर साथ चलते हैं

भीगी हुई आँखें
दो क़दम आगे होती हैं तब

दृश्य

मैंने एक दृश्य में प्रवेश किया
और एक नया दृश्य रच दिया
पुराना दृश्य अब नहीं रहा

मैं इस दृश्य का सुख हूँ
विस्थापित हो चुके इतिहास–दृश्य का दुख भी

मैं इस दृश्य में एक प्रतीक्षा भी हूँ
तुम इसे आने वाला दृश्य कह सकते हो
मैं इसे भविष्य कहूँगा!

मैं कहूँगा
हर दृश्य में थोड़ा–सा बीत गया
और थोड़ा–सा आने वाला एक दृश्य घुला है

लोग

उन्होंने पूछा

वह कौन थे
और उन्होंने क्यों खोजी भाषा
व्याकरण और बोलने की विभिन्न स्वर–लहरियाँ

वह कौन थे
जिन्होंने संकेतों को अपर्याप्त माना

वह कौन थे
जिन्हें मौन रहना पसन्द नहीं आया

उन्होंने पूछा
क्या वह लोग अब भी मौजूद हैं?

जिन्होंने पूछा
वह आईने के सामने रो रहे थे!

यह शहर मरने वाला है

मैं एक मरते हुए शहर के भीतर हूँ
उसकी कुछ कहती लड़खड़ाती आवाज़ की तरह
बुढ़ा चुकी कुछ अन्तिम कोशिकाओं का इच्छा–भार समेटे हुए

इस मरते हुए शहर में यदि आपका स्वागत एक ऊबा हुआ
    रेलवे प्लेटफॉर्म करे
तो कदापि शंका मत करना,
इसके भीतर रात जितनी गहरी एक झील है
हर सुबह अपने मौसम की एक आँख खोलती हुई

दबा हुआ एक बूढ़ा पार्क है
ख़ुद के जंगली होने से बचने की लड़ाई में उलझा हुआ

कुछ चौदह मुहल्ले हैं
और अपनी जमा इन्सानी आबादी के एक तिहाई कुत्ते हैं
जो पूरी रात इस शहर के मौन को अपने दाँतों से भभोड़ते हैं

कुछ कमीने भी हैं
पर यह उनकी चर्चा का वक़्त नहीं है वह चुनावों के समय याद करने
    वाली एक रस्मी क़वायद है

एक महाचुप्पा निगम कार्यालय है
बेहद अनुत्पादक और अझेल
पर फिर भी एक वही है

जो उस मर रहे शहर के भीतर पुनर्जीवन का ढोल पीट रहा है

इस शहर के रहने वालों में चर्चा ज़ोर पर है
कि यह मरने वाला है
कुछ बूढ़े तो यक़ीन ही कर चुके हैं
जिनकी आँखों में कभी ज़िन्दा रहे एक शहर की शवयात्रा लगातार
    इधर–उधर भटक रही है

एक नदी ही है जिसके पास इस शहर का कुछ ज़िन्दा सामान जमा है

पर यह दिक़्क़त है कि वह एक बरसाती नदी है
जो पिछले दो साल से नहीं आयी है
और सात बार रास्ता भटक चुकी है

मैं उस मरते हुए शहर की देह में एक और शहर बोना चाहता हूँ
एक क़स्बे की शक्ल में या एक मुहल्ला या एक पुराने मकान की तरह
या उस एक व्यक्ति के जैसा यहाँ एक बीज छोड़ना चाहता हूँ
सड़क से गुज़रते हुए जिसकी नाक पर कपड़ा न हो
जो इस शहर को मछली की आँख से देखता हो

जो जानता हो
कि सुबह–सुबह एक व्यक्ति की तरह न जाग कर कैसे एक शहर
    की तरह जागना चाहिए
और जिसे आता हो खड़े रोंगटों वाली एक हरी–भरी अँगड़ाई लेना

जो एक मुक्के से तोड़ दे
शहर की त्वचा पर जमे उस अनधिकृत कर्फ़्यू का मुँह
जिसने अन्तरराष्ट्रीय स्तर पर
एक देश का जायक़ा बिगाड़ दिया है

इस शहर को चाहिए बीज की तरह 'उत्पादक आशाओं'
से भरा एक आदमी

बनिस्बत बीस लाख की नकारा आबादी के
जो कभी–कभी रेलवे स्टेशन जाये
और बस यूँ ही खड़ा हो जाये एक शहर की तरह
अभिवादन में हाथ जोड़े हुए

जो मुझे खींच निकाले इस मरते हुए शहर की देह से
खड़ा कर दे किसी चल–फिर रही सड़क पर
और बना दें ज़िन्दा होते शहर की सबसे ताज़ा ख़बर

जिसे पता हो 'क से सिर्फ़ कविता' ही नहीं कानपुर भी होता है!

वह जब बोले तो लगे कि एक आदमी नहीं
एक शहर अपनी भाषा में बड़बड़ाया है

कोरस

[1]

वे समानधर्मी हैं
साधते हैं अलाप–ध्वनियाँ
और दृष्टि मिलाते हैं

थोड़ा आश्वस्त होते हैं कि लय ठीक है
उतार–चढ़ाव साथ–साथ ही है
और
कहीं भागा नहीं है
सान्निध्य का वह गीत,
जो आया तो अकेले था
और जो स्वरों की भीड़ में एक बार फिर मग्न है

[2]

वह क़तारबद्ध वृक्ष थे
जिन्हें देखकर उनकी कल्पना की गयी थी
उनके हर्ष और दुख अलग–अलग थे

पर वह मिलते थे
तो एक साथ खुलते थे
मानो वह एक ही मौसम में जन्मे हों
या किसी पतझड़ वह ले लेंगे
एक साथ ही विदा!

[3]
वह नितान्त अकेले थे
और विरह के होंठों पर बुनते थे अपना एकालाप

वह मिले
और धरती पर जमी ढेर सारी बर्फ़ पिघल गयी

वह एक साथ आये
कि एक पनीले मौसम ने माँग लिया उनसे
ढेर सारा नमक

वह सब जिसे अपने–अपने साथ ले कर आये थे!

[4]
वह एक तालाब से झील में बदले
और चल ही रहे थे
समुद्र की ओर

उनके पैर गले के भीतर थे
वह गले से थकते थे
और चलते हुए सुस्ता लेते थे

लोग देखते थे कि उनकी आँखें बन्द हैं
दरअसल वह तभी जाग रहे होते थे
वह जानते थे
और उनके सुर यह बात समझते थे

गहराई से जिनको खींचकर निकालने के निशान
    उनके गलों के भीतर मौजूद थे
पर वह घाव
सिर्फ़ आँखों में दिखते थे

लोग देखते थे
और समुद्र की ओर बढ़ती एक झील में कुछ कंकड़ फेंकते थे

मंच पर वह इस कदर अलग–अलग गिरते थे
कि समझना मुश्किल था
कि वह बस थोड़ी ही देर पहले एक झील थे
और उन पर तालियाँ टूट कर गिरी थीं

उसके बाद कुछ भी शेष नहीं था

सिवाय एक अभिवादन के
और पृथ्वी पर उससे अधिक औपचारिक
कुछ भी नहीं था!

संयुक्त बयान

मेरे पास आदेशों से भरी एक देह है
और है प्रतिज्ञाओं से तपी एक आत्मा

इच्छाओं का बोझ ढोते हुए
दुष्ट–स्वप्न मेरी नींद ख़राब करते हैं

मेरे लिए नींद का अर्थ है
नमकीन गुनगुने पानी में गहरे उतर जाना

एक दिन सच में
मैं यूँ ही गुज़र जाऊँगा
गुनगुने पानी के भीतर मछलियों से बात करते हुए कि
तुम्हारी तरह मैं भी कभी नहीं सो सका

देह के आदेशों की सीमाएँ तोड़ कर
आकाश के सीने पर अवज्ञा के पैर पटकता हुआ

मैं निकल जाऊँगा एक दिन
समय के चक्रव्यूह की तमाम लिखत–पढ़त को
बेपरवाह फाड़ता हुआ

बुद्धकालीन किसी वृक्ष के नीचे जाकर
एक 'डूब–नींद' बिछाऊँगा

देह और आत्मा का एक संयुक्त बयान जारी कर सो जाऊँगा

कि तथागत आयें

तो मुझे दो बार जगा देना!

मूर्ख से मिलो

दोस्तो!

कोई मूर्ख मिले, तो उसका चेहरा चूम लो
एक वही है जिसने इतिहास से कुछ नहीं सीखा
वही है जो भविष्य तक ख़ाली हाथ जाना चाहता है

वह निपट नौसिखिया जहाँ मिले, उसके पीछे हो लो
एक वही है जिसकी जेब में
एक अनछुआ, कुँआरा जीवन है

और, उनसे दूर रहो दोस्तो!

जिनके मुँह से नसीहतें झरती रहती हैं
इतिहास–स्मृति के बोझ से दबी पीठ लेकर जो वर्तमान की
घास चर रहे हैं
ये बुद्धि–जानवर तुम्हें जीवन का नहीं
उस भविष्य का रास्ता बतायेंगे, जिसे किसी ने नहीं देखा

यह चालाक लोग नहीं जानते

जीवन की ओर ऐसे जाना चाहिए
जैसे एक मूर्ख जाता है भरे बाज़ार के बीच!

जो हर चीज़ को यूँ देखता है
जैसे पहली बार देख रहा हो

घुसपैठिया

हर अँधेरे का अपना रहस्य है
हर गहराई की अपनी भव्यता

अतीत उँगलियों की पोर पर बैठा स्पर्श है
टटोलना स्मृतियों से संवाद है

तस्वीरें मुझसे एकालाप करती हैं
मैं उनकी खो गयी आत्माओं के प्रेम में हूँ

बहुत गहरे जाकर बैठना
धरती से मेरी सबसे क्रूर असहमति है
मेरा एकल चिन्तन उजाले के पक्ष में
सबसे ईमानदार मतदान है

मेरा चेहरा दुखों का जीवित इतिहास है
और आँखें भविष्य की खुली बैलेंस शीट

दूर खड़ा
सबसे प्रिय एक भविष्य हँसता है
मैं उसके प्रेम में थोड़ा और उदास हो जाता हूँ

मेरा हँस देना दुःख की सबसे निर्मम हत्या है
और सहज होना मेरी सबसे प्राचीन उपस्थिति

भविष्य मेरे कन्धे पर हाथ रखता है
मैं उसके भरोसे में खो गया सबसे मासूम योद्धा हूँ

मैं अँधेरे में बैठी सबसे चमकदार प्रार्थना हूँ
मेरा पहला उठा हुआ पैर उजाले का उद्घोष है
मेरे हाथ से बेहतर दुनिया का कोई औजार नहीं
मेरी आवाज़ से बड़ा कोई नारा नहीं
मेरे हक़ से बड़ी कोई ज़िद नहीं

मेरी आँखों की चमक दुनिया की हर आँख में बराबर बाँट दो
मैं अन्ततः तुम्हारे घर से ही बरामद होऊँगा
मैं तुम्हारी जेब में पड़ी सबसे आखिरी पूँजी हूँ

मेरे हाथ चूम लो, यही तुम्हारे हाथ हैं
मेरे पैर तुम्हारे हिस्से की यात्रा में हैं
मेरा चेहरा ध्यान से देखो,
इसके हर हिस्से से तुम्हारी पहचान फूट रही है

मैं कोई और नहीं
तुम्हारे एकान्त में घुस आया
भविष्य का सबसे बड़ा घुसपैठिया हूँ

दोनों हाथ

मैं इतने सकून में था
कि घुस जाने दिया चींटियों को अपने पैरों की नसों में
एक दिन को माना पिछले दिन का पुनर्जन्म, जहाँ ग़लतियाँ पुण्य में
बदली जा सकती थीं
और हर रात को मृत्यु का पूर्वाभ्यास!
अस्तित्व का सबसे बड़ा प्रमाण है उस रात के बाद
सुबह मेरा जाग जाना!

रात–दिन के इस खेल में इतना सकून था कि मैंने दोनों
हाथों से अपना मौन लुटाया!

घावों को यूँ रखा खुला
कि वायु उनका चेहरा चूम सके
मानो वह युद्ध में कट मरे अपराजित योद्धा हैं

मैं इतना गुस्से से भरा था कि एक पूरा दिन मैंने बड़े सकून से
अपने जबड़ों में चबाया

मैं इतनी अधिक आशा से भरा था
कि चुपचाप देखता रहा
एक व्यग्र कवि को,
जो अपने पक्ष से धीरे–धीरे हट रहा था
धीरे–धीरे जो एक समूची पृथ्वी के पक्ष में जा रहा था

मैं अपने सकून की वृक्ष–छाया में,
आलोचनाओं के प्रत्युत्तर में ओढ़ा हुआ मौन हूँ
जिज्ञासाओं के पहाड़ की तरह उगा हुआ एक ढीठ
शिनाख़्तों का सबसे बड़ा सेंधमार, जिसकी हर सुरंग
ख़ुद में खुल रही थी

बावजूद इसके मैं इतने सकून में था
कि आकाश मेरे लिए बहुत धीमे पक रही एक प्रार्थना है
जिसे एक दिन अचानक मेरे हाथों में गिर पड़ना है

मैं उम्र की व्यग्रता में मृत्यु के सकून का पहला पाठ हूँ
मुझे देर तक पढ़ो
मेरे दोनों हाथ भरे हैं!

हमारे दौर के बच्चे

हमारे दौर के बच्चों की पतंग कट गयी है
उनकी दौड़ कहीं गुम है आसमानों में
वे ताक रहे हैं दुख के उस आसमान को, जिसने खा लिया है
उनकी पतंग को
और उगल दिया है मौसमी बमवर्षक विमानों की चहल–पहल को

हर पेड़ ने उनके 'लंगड़ों' के जवाब में
अपनी खाली जेबें दिखा दी हैं
मकानों की छतों पर भी नहीं मिल रही उनकी पतंग
कुओं में लगाई गयी उनकी पुकार भी ख़ाली हाथ लौटी है

उनकी पतंगों की शिनाख़्त में अब एक पूरी दुनिया लगी हुई है
पर यह हमारे दौर के बच्चे ही हैं जिन्हें पता है
अब उनकी पतंग धरती पर नहीं गिरेगी

हमारे दौर के बच्चे भूल रहे हैं
बम से प्रदूषित हुई हवा के पेच कैसे काटते हैं

अब लोरियाँ उनके सोने का नहीं, जागते रहने का आह्वान हैं
वे कभी आते थे निश्चल–कौतूहल के साम्राज्य से
अब उनकी आँखों से एक वयस्क भय झाँकता है

हमारे दौर के बच्चे आश्चर्य में हैं
वो इतनी जल्दी कैसे बड़े हो गये

हमारे दौर के बच्चे पढ़ते हैं 'पूरी दुनिया के मजदूरों एक हो'
और बुदबुदाते हैं दबी–सी आवाज़ में

पूरी दुनिया के बच्चो एक हो!

एक दुनिया

मैंने एक पिता की तरह सोचा
और आशीष से भरी हुई अपनी अनन्त छाँव भेंट कर दी
इस दुनिया को

मैंने एक शिशु की तरह देखा
तो तमाम रद्दोबदल कर दिये दुनिया के नियमों में
अब कौतूहल दुनिया का सबसे बड़ा धर्म था

एक युवा की तरह चल दिया
पृथ्वी के एक छोर से दूसरी ओर
वह भीतर से बाहर दौड़ गये विचारों की एक दुनिया थी

मैंने सोचा, एक स्त्री की तरह होकर देखा जाये अब इस दुनिया को
वह कोशिश अभी भी जारी है
मेरी आँखों में पड़ा पुंसत्व का कंकड़
एक बन रही स्त्री की आँख में चुभता रहा

जब मैं प्रवचन–पुरुष था तो याद आया मुझे
एक शीतल जल उगलता झरना कितना जीवन्त होता है
इतना जीवन्त
कि एक बुद्ध उसमें अपना चेहरा धोकर
लौट सकता है फिर से यशोधरा के पास
तुम्हारे पास!

तुमने ध्यान ही नहीं दिया, मेरे प्रवासी अवतार पर

जब धूप की निर्मम किरणें गिर रही थीं मुझ पर
और सड़क एक जीवन जितनी लम्बी हो रही थी
मैंने तुम्हारी ओर से चेहरा घुमा लिया
वो चेहरा, एक प्रेमी का था!

अपनी सुविधा दृष्टि से हटकर देख सको, तो देखो तुम!

यह दुनिया एक ठहरी हुई जगह है
जहाँ सिर्फ़ नज़रिये घूमते रहते हैं

जहाँ एक पिता हुआ जा सकता है
एक शिशु, एक स्त्री, एक बुद्ध, और एक प्रेमी भी!

देखना चाहो तो देखो तुम

यह दुनिया एक रुकी हुई घड़ी है
तुम ज़रा भी हिले तो यह दुनिया चल देगी

मेरा एक घर है

मैं जहाँ नहीं रहता हूँ उस घर का एक पता है
मैं जहाँ मिल जाया करता हूँ
वह मेरे मिल जाने का एक धोखा है

मैं जहाँ रोज़ लौटता हूँ वह मेरे लौटने का बस एक छल है
मैं रोज़ सुबह जिस घर से निकलता हूँ वह मेरा घर नहीं है

यह एक सामान्य घटना है कि मैंने उस घर को खो दिया है

मेरी देह की सारी हड्डियाँ उसी घर में छूट गयी हैं
साँसें वहीं की किसी अलगनी पर टाँग भूल गया हूँ
उस घर के खाने में नमक हमेशा ठीक रहता है
और नींद भी आ जाती है

उस घर में एक किताब खुली पड़ी है मैं उसे पढ़ते–पढ़ते
छोड़ आया हूँ

आप यक़ीन मानिए
मैं बड़े आराम से उस घर में एक कविता लिख रहा था
कि किसी ने दरवाज़ा खटखटाया
और वह घर मुझे खोल कर बाहर निकल गया

आपको वह घर कहीं मिले तो कहिएगा उससे कि कोई है
जो उसकी तलाश में कविताएँ लिखे ही जा रहा है

इस सदी के बच्चे

एक सदी के समाप्त होने पर
अब मछलियों को उल्टी आयी है
मछलियाँ उगल रही हैं सफ़ेद पुतलियों वाले इन्सानी बच्चे

पूरी दुनिया में अब बच्चे ही बच्चे हैं
जो दौड़ रहे हैं
जो हँस रहे हैं
जो चीख़ रहे हैं
और धक्का दे रहे हैं एक दूसरे को
गिर रहे हैं एक सदी से दूसरी सदी की गोद में
और किताबों में ढूँढ़ रहे हैं
अपनी खो गयी काली पुतलियों को

नयी सदी, बच्चों की सदी है
पिछली सभी सदियों के बच्चे जो अजन्मे थे,
उन्हें मछलियाँ उगल रही हैं
नयी सदी के हाथों में!

वह आपकी मेज़ उलट देंगे
बहरा कर देंगे आपकी लाइब्रेरियों को
आप जहाँ जिस काम को मना करेंगे, उसे वह वहीं करेंगे

इस सदी के बच्चे, पिछली सभी सदियों की इच्छाएँ हैं

एक दिन आप जानेंगे
कि बच्चों ने आपको भी इसी सदी में ला पटका है
जैसे आप भी अभी तक
किसी मछली के पेट में थे!

आओ, इस मखमल पर एक साथ गिरो

सड़क

सड़क एक सुन्दर परिकल्पना है
चलता हुआ आदमी सड़क के अलावा भी
कहीं और चल रहा होता है

सड़क से लौट आना भी कम रोमांचकारी नहीं है
जितनी बार लौटो
आदमी एक नयी जगह पहुँचता है
कई बार पुराने घर में एक नया आदमी जा पहुँचता है

कई बार घर में पहुँचा आदमी
दरअसल सड़क पर ही चल रहा होता है

दुःख

वह अँधेरा था
अपनी मृत्यु को तय जान कर
जिसने खींच मारा था रोशनी के मुँह पर
एक कुहरा!

रोशनी को ठिठकना ही पड़ा
और
सहना पड़ा वह दुःख,
जो अँधेरा भी सह रहा था

अपने–अपने साझा दुःख के साथ दोनों ही वहाँ खड़े थे

एक जोड़ी भ्रमित आँखें भी थीं वहाँ
और एक
मन्थन भी घट रहा था वहाँ

अजीब से समय में
डरी हुई आँख
सोखना चाहती थी जमा हुआ कुहरा

कुहरा भी सहमा सा टपक रहा था
धीरे–धीरे

अजीब सा समय था!

अँधेरा, कुहरा, आँख और रोशनी से
एक ही समय एक साथ
झर रहा था दुःख!

नींद

एक आदमी

हर दिन कपड़े की तरह पहनता है नयी सुबह को
और रात को याद करता है कि वह आदमी होने से पहले
एक बादल था

एक थका हुआ बादल फिर बदलता है ओस में
जिसे रात ओढ़ कर सो जाती है

एक स्त्री

नींद की प्रतीक्षा में गोल–गोल घुमाती है पृथ्वी

घूमने से थकी पृथ्वी के पास नहीं है कोई शिकायत
उसके पास मौसम है

स्त्री सोचती है वह माँग लेगी एक दिन पृथ्वी से उसके मौसम

स्त्री कई सदी से थकान में चूर है पर उसके पास भी नहीं हैं शिकायतें

पृथ्वी और स्त्री अनन्त चाहनाओं की देह है

पृथ्वी और स्त्री एक दिन सो जायेंगी एक साथ

एक मौसमी नदी का हाथ पकड़कर जायेंगी वह
एक बहु–प्रतीक्षित नींद की ओर

एक बच्चा

हवा की आवाज़ सुनता है
और चला जाता है नींद की ओर

नींद बड़े होने के सपनों से भरी एक आकाशगंगा है

वह उस आकाशगंगा को लोरी गाते सुनता है
कुनमुना कर कहता है अभी और सोऊँगा

आकाशगंगा
उसकी इस नींद से इतना ख़ुश है
कि अगली सुबह वह चुपके से काट देगी
बड़े होने की प्रतीक्षा का एक और दिन

हवा के हाथों में हैं
उस एक आदमी, स्त्री और बच्चे की शिकायतें

वह श्वास बन कर रोज़ गिनती है प्रतीक्षाओं से भरे एक दिन को
और चाहनाओं से भरी एक नींद रोपती है उनके माथे पर

रात, पृथ्वी पर रोज़ फैलने वाला एक मौसम है

नींद एक सुरंग है जो रात को खुलती है
और इन तीनों को एक साथ आवाज़ देती है

ओ धरती के सबसे ज़िन्दा मौसमो, ओ अथक दौड़ती घड़ियो, ओ
प्रतीक्षित प्रेमिल नदियो

आओ, इस मखमल पर एक साथ गिरो
आओ, अपने इस बहुत भारी दिन को मेरे हाथो में दे दो

एक बादल बनो और सो जाओ!

हवा से हल्के कन्धे

हमारी चाल,
इतिहास से उधार ली हुई है
दस्तूर, वर्तमान के पैरों में पड़ा हुआ फन्दा है!

हमारे कन्धे अतीत के बोझ से बेतरह झुके हुए हैं
हम चल रहे हैं लेकिन दौड़ पड़ेंगे कभी भी
हम उतार फेंकेंगे कभी भी
कन्धे की हड्डियों में धसी अतीत की कीलें!

आती हुई ताज़ा हवा को खींच भरेंगे इस सदी की साँसो में

जैसे शुरू होगा बुढ़ा चुकी संस्कृति में एक नया रिवाज
भाषा में एक नया शब्द बढ़ जायेगा
और मिलेगी
इतिहास को एक नयी तारीख़!

क्रान्ति की ऊर्जा से लबालब भरा एक दिन
चुपचाप गुज़र जायेगा

प्रतीक्षाओं को मारता
एक नया दिन कुछ यूँ आयेगा
कि उसके आने की ख़बर बहुत दिन बाद मिलेगी

वह दिन दूर जा चुका होगा
पर उसके जाने के निशान बहुत दिनों तक
सबसे ज़्यादा बार खोजे और दुहराये जायेंगे

उस दिन का गला 'पुनरावृत्ति' के फंदे से घोंटा जायेगा

ख़र्च होगी इस प्रयोजन में
उस दिन को खोजती, टटोलती एक पूरी नयी नस्ल
वह एक बार भी नहीं याद करेंगे कि वह दिन एक नया दिन था
वह समझ ही नहीं पायेंगे कि नया लौटता है तो पुराना होकर ही

कुछ सबसे ज़्यादा समझदार लोग पागल हो जाने का दावा करेंगे
और हैरतअंगेज़ ढंग से
यह दुनिया उनके दावों को मान भी लेगी

टिक–टिक करती उम्र को थका देने वाली तमाम घड़ियाँ
    उतार फेंकी जायेंगी

उमस से घबराकर एक शहर अपने सारे कपड़े उतार देगा
दिन की आठवीं बेधड़क डुबकी
गाँव के हिस्से में आयी एक नदी में लगाई जायेगी

वह नदी शहर पहुँचकर
हमेशा की तरह गाँव का एक नारा तो लगायेगी
पर इस बार उसकी आवाज़ थोड़ी और तेज़ होगी

एक साथ बहुत सारी सभ्यताओं को भूलने की बीमारी हो जायेगी
याद रहेंगे सिर्फ़ पर्वत,
घाटियाँ, नदी, गुफाएँ, संगीत और स्त्रियाँ

प्रार्थनाएँ एक कायरतापूर्ण कृत्य कहलायेंगी
और सहभागिता बदल जायेगी एक नये धर्म में

सबसे क़ीमती बच्चे ही होंगे
सदी की गोद मे बैठकर पिता गायेंगे मीठी लोरियाँ
नींद लेंगी स्त्रियाँ
मज़दूर गायेगा सत्ता के गुण पहली बार

दूसरी बार प्रेम में पड़कर नहीं लज्जित होगा कोई भी
पतित होना पाप नहीं कहलायेगा
पुण्य के सारे हिसाब होंगे इसी जन्म में

हम जब कभी भविष्य की ओर देखेंगे, तो याद आयेगा
हवा से हल्के होते हैं वहाँ हमारे कन्धे!

सम्पूर्णता

सम्पूर्णता कतई सफलता नहीं होती
वह होती है एक तरह की मृत्यु

जो ऊपर से चमकदार पर भीतर से एक खोखले मौन से भरी हुई
उसकी दीवारों पर प्रश्न के पत्थर नहीं मारे जा सकते
बहुत बार एक अश्लील अनुत्पादकता से भरी हुई
जिसे कई बार मुँह चिढ़ा सकता है
खेत की आशंकाओं को ढोता उसके भीतर फटे बाँस के सहारे टिका
एक फूटे मटके के सिर वाला बिजूका

सम्पूर्णता अक्सर खड़ी मिलती है चौराहे पर
दिशाभ्रम से लकवाग्रस्त होकर

वह सफलता नहीं होती
जो एक पड़ाव पार करने के बाद दूर से ही देख लेती है
एक चमकदार और आकर्षित करता
लैम्प पोस्ट

वह एक पेड़ के जितनी विनम्र नहीं होती
जो वर्ष में एक बार अपनी बूढ़ी पत्तियों को बहुत हिचकते हुए
    दे देता है
विस्थापन का आदेश!

वह एक आक्रान्ता की तरह तेज़ तलवार के साथ आती है
और उपलब्ध सभी विकल्पों की गर्दन काट देती है

वह जहाँ होती है अपनी तरह की अकेली चीज़ होती है

वह सम्पूर्णता ही होती है जिसे पता होता है कि
    यहाँ से अब आगे नहीं जाया जा सकता है

जिसके चेहरे पर जीवन की घिसी हुई सिलवटें नहीं दिखतीं
दिखती है असन्दिग्ध रूप से एक ख़ूबसूरत पॉलिश!

'अपूर्णता' के चेहरे पर एक सुन्दर मृत्यु सोती है
सम्पूर्णता की आहट भर से वह जाग उठती है

एक अलार्म की तरह होती है सम्पूर्णता
एक आदमी को चाहिए कि वह हर बार उस अलार्म के
    बजने से पहले उठ जाये

और मुड़ जाये
एक 'सुन्दर अपूर्णता' के साथ उस ओर
जहाँ एक नये पड़ाव पर खड़ा कोई लैम्पपोस्ट
उसे हाथ हिला रहा हो

बन्द गली

उनकी गलियों से
सड़क तक आने का हर रास्ता बन्द है
और आवाज़ पर है कड़ा पहरा
कुछ भी नहीं बदलेगा के अघोषित नारे से सहमा
एक भविष्य है

पक्ष में कही गयी
सभी बातों पर टूटता एक भरोसा है

और एक कविता है
जो गली के पक्ष में सड़क पर फैली एक अफ़वाह है
सत्ता के प्रतिपक्ष में
कभी भी घट सकती एक दुर्घटना

जहाँ शोर से भयानक चुप्पी है
जहाँ घुटी चीख़ों की अमिट बातचीत दर्ज है
जहाँ आवाज़ में लौटती पहली गर्माहट एक बुरी ख़बर है

दुनिया की हर सत्ता के पास एक सुनसान सड़क है
दुनिया की हर कविता का पक्ष एक बन्द गली है
हर बन्द गली का भविष्य एक खुली सड़क है!

पाँचवी दिशा

मेरी जेब में अटका एक सिक्का मेरा मन था
अतीत, पेड़ों की टहनियों में खोया एक संवाद भर
अधलेटा मैं पार्क के किसी कोने में
गुजरते वक़्त का सबसे नाकाम हिस्सा रचता हूँ

मैं लेटता हूँ तो भूतकाल में
उठता हूँ तो वर्तमान में लौटता हूँ

मेरी एक करवट में दो दिशाएँ छुपती हैं
और हँसी में सारा नक़लीपन,
हर शब्द को चबा कर बोलने के निशान मेरे दाँतो पर हैं
और
उनके विलोम मिलते हैं
मेरे ही गले में कहीं फँसे हुए
एक पीठ मुझे पूरा छुपा सकती है बशर्ते पेट उसकी सुनना सीख ले

बची हुई दो दिशाएँ
थोड़ा और भ्रम ओढ़ती हैं
तो मेरी उँगलियाँ मिट्टी के मुँह पर पाँचवी दिशा रच देती हैं

अब चारों दिशाएँ दोनों ध्रुवों पर मर जाना चाहती हैं
एक पृथ्वी अब पाँचवीं दिशा में नाचना चाहती है
एक सिक्का, जो कब से सबकी सुन रहा है

अकेले ही खनक गया

मैं कब उठा
कब अपने जूते में बैठ घर आ गया
कुछ याद नहीं

मैं अपनी जेब थपथपाता हूँ
वह पाँचवी दिशा, जो मेरे होंठों के मध्य थोड़ा तिरछी लेटी है
अल्हड़ प्रेयसी–सी मचलकर बोल उठती है
तुम्हारी जेब मैंने काट ली!

समस्या

तुम मेरे भीतर हो
एक नदी की तरह
एक नदी जिसे समुद्र से मिल जाना चाहिए था
एक नदी समुद्र ने जिसके लिए अपने द्वार बन्द कर रखे थे

तुम मेरे भीतर हो
समुद्र की परित्यक्ता की तरह

मेरे भीतर एक समुद्र भी है
और मैं कह देना चाहता हूँ
कि नदी और समुद्र के न मिल पाने की यह घटना
मूलतः एक भौगोलिक समस्या नही है

दरअसल,
यह एक व्यक्ति की समस्या है
जो ख़ुद से बाहर निकलकर इसी पृथ्वी पर घूम रहा है

तुम्हारी भाषा में

मैं देह में रोज़ लिखी जा रही एक किताब हूँ
मेरे जीवन के जितने दिन हैं
यह किताब उतनी तरह से खुलती है

मैं देह की आँखों से झाँकती एक आत्मा भी हूँ
मेरे जीवन की किताब में जितने पन्ने हैं
तुम्हारी भाषा में यहाँ सब खुले हैं

देश को खोदा जाये

एक कुदाल लीजिए
और शुरू हो जाइए अपने घर से ही

खोदना शुरू करिये
ऐसे मानो राष्ट्र निर्माण की नींव रखना है आपको

घर की खुदाई से निकलेंगे

कुछ ज़रूरी मुद्दे/अश्लील फ़िल्मों की सीडियाँ/टी वी पर संसद की बहसों में ली गयी उबासियाँ/फटाफट काम निकालने को दी गयी धनराशियाँ

वह सारा कचरा भी निकल रहा है
जिसे देश की सड़कों–ट्रेनों–बसों–सरकारी कार्यालयों में आपने फैला दिया था

आप हैरत में हैं इतना साफ़–सुथरा घर आपका
कैसे बदल गया पीकदान में?

कहीं निकलकर रेंग रहा होगा एक मतदाता भी
अपने अचरज को समेटिये, अभी और खुदाई बाक़ी है

दिमाग़ पर ज़ोर डालेंगे तो वह मतदाता आपको याद दिला सकता है
पिछला चुनाव, जिसमें आपकी जाति जीत गयी थी

मिट्टी को हटाने की प्रक्रिया में
निकल रही हैं सुन्दर लड़कियाँ

और देखिए तो, आप उन्हें पहचान रहे हैं
बस में
रेल यात्रा में
और सड़क पर

आपकी याददाश्त बहुत तेज़ है सच में
आधे कपड़ो में घूम रहीं ये लड़कियाँ भला भूलने की भी चीज़ हैं?

खुदाई में निकले मुद्दे जिन्हें आपने पीछे फेंक दिया है
आप याद करते हैं
आप इन्हें पहले भी कभी फेंक चुके हैं

खोदते–खोदते देखो सामने आ गया है एक पत्थर
आपसे यह पत्थर हटाये नहीं हट रहा है
कुदाल का वार बार–बार उस पत्थर पर पड़ रहा है
उस पत्थर पर एक पहचाना हुआ चेहरा उभर रहा है

अब ज़रा घर से बाहर झाँक कर देखिए

और सच बोलिये, क्या आप सहमत हैं
कि एक ऐसी ही खुदाई पूरे देश में होनी चाहिए ?

पत्थर पर उभरे चेहरे की जैसी शिनाख़्त आपने की
क्या वैसी ही शिनाख़्त पूरे देश मे होनी चाहिए ?

या एक देश को यूँ ही टनों मिट्टी के नीचे दबे रहना चाहिए
ताकि पुरातत्त्ववेत्ता कभी ठीक से जान सकें
कि एक देश जो जीवित था

वह मतदान करते–करते आख़िर कैसे मर गया!

एक दिन मछलियाँ जीत जायेंगी

नदी

[1]
नदी गर्भ से है
और उगल रही है वह नग्न स्त्रियाँ
स्त्रियाँ भी गर्भ से हैं
और मछलियाँ उनका प्रसव परिणाम
नदी की दह में बैठ गया एक पुरुष
नदी को एक पक्का सुरक्षित मकान जान कर
पुरुष मछलियों को खा रहा है
और मुग्ध हो रहा है उन स्त्रियों पर

किसी आश्चर्य सी एक नाल उगती है नदी के पेट में
और बाँध देती है पुरुष के पेट में एक गाँठ
उस गाँठ को पुरुष, स्त्रियाँ और मछलियाँ घृणा से देख रहे हैं

नदी किसी जर्जर इमारत सा ढहती है
और पानी पानी हो जाती है

[2]
नदी एक चीख़ में बदल रही है
और किनारे उसका गला दबोचे दो निर्मम हाथ
हाथ कसते ही जा रहे है
और बढ़ता ही जा रहा है नदी का दुःख!

मछलियाँ नदी की गूँगी बहन हैं

जिनके आँसू नदी का क्षार बढ़ा रहे हैं
और घटा रहे हैं
निर्मम किनारों का जड़त्व!

एक दिन मछलियाँ जीत जायेंगी
और नदी की चीख़ पृथ्वी के चेहरे पर किसी हँसी सी फैल जायेगी

[3]
जंगल नदी के आलिंगन में लिपटा अतृप्त प्रेमी है
प्रेम–पाश में बेसुध नदी
सर पटकती है
पर जंगल अपनी बाँहें ढीली नहीं करता
नदी तुनक कर थोड़ा आगे भागती है
और जंगल,
किसी चीरे–सा बढ़ता जाता है

कि रास्ते में एक बाँध आता है

फिर नदी और जंगल किसी कहानी में बदल जाते हैं

[4]
नदी की हजार बाँहें हैं
पकड़े हुए पृथ्वी की पीठ को
कि उछल न जाये अपनी चंचलता में नदी आकाश की ओर

पृथ्वी की पीठ मिट्टी की एक इतिहास यात्रा है
जिसके कई पन्ने कुछ नदियों को किसी अफ़वाह सा दर्ज किये हैं
अक्सर भयानक गर्मियों में
जब ये पन्ने फड़फड़ा उठते हैं

किसी पृथ्वी की पीठ
एक मुरझाये हुए चेहरे में बदल जाती है

इतिहास फिर उसके बाद बदलता है

[5]
नदी पाँव पाँव चलती है आकाश को देखते हुए
और आकाश झाँकता है
घर में बन्द किसी बच्चे की खिड़की से,

नदी रोड पर जा रही है
नदी की आँखें नीली हैं

आकाश उसके नीलेपन से चिढ़कर बार–बार उसे पानी से धोता है
आकाश और सफेद हुआ जाता है
नदी और भी नीली पड़ती है

पृथ्वी गोल घूमना बन्द नहीं करती कुछ इस चाह में
कि किसी दिन दोनों में कोई छिटककर नीचे आयेगा
या कोई ऊपर उछल जायेगा

पृथ्वी शरारती है
इन बिछड़े प्रेमियों की इतिहास कहानियाँ
अपने पेट में दबाये
वह चुपचाप हँसती है

एक बार और

एक बार और उसे दर्ज किया गया
एक बार और उसने भाषा की पतलून उतरती देखी
एक बार और उसने ख़ुद से कहा नहीं नंगई कभी
कविता नहीं हो सकती
एक बार और उसने आपत्ति की जुर्रत जुटायी
एक बार और उसने कहा, समकालीनो मैं तुम्हारे चुप्पे बुतों के बीच
नहीं रह सकता
एक बार और वो रूठा, तो सारा शहर अकेले घूम आया

उस समय जब कुण्ठाओं की दीवारों पर
कुछ पगले कवि बुढ़ौती का 'इकसठ–बासठ' कुरेद रहे थे
एक बार और उसने कहा यह मेरा समय है तुम्हारे स्खलन की ये
जगह नहीं!

एक बार और वो तैयार था ख़ारिज होने के लिए
एक बार और वो तैयार था समूह–बन्दी के नगाड़े पर चोट की तरह
बरसते आरोप–पत्र सुनने के लिए
एक बार और वो बस इतना बुदबुदा पाया तुम्हारी अवयस्कता को
पहचानने भर का वयस्क हूँ मैं!

एक बार और उसने उन महान बुतों से नहीं पूछा
कि तुमने किस सम्पादक के कमरे से सीखा महान बनना ?
एक बार और उसने, बस इतना भर पूछा
जब सम्पादक महानताएँ बन्द कमरों के भीतर बाँट रहे थे
तब तुम्हारी आपत्तियाँ कहाँ थी!

सम्भावनाशील पागल

जब एक मुकम्मल देश लिखना कठिन हो रहा है
ऐसे समय में चाहता हूँ
हर आदमी एक शब्द हो जाये
हर शब्द एक आवाज़
हर चेहरा एक पन्ना
और हर कविता हमारे इस समय का श्वेतपत्र

निगरानी से डरा हुआ हर आदमी चीख़ पड़े
बावजूद इसके कि
चीख़ना
अब पागलपन की निशानी है
बावजूद इसके कि
सरकार के पागल होने से पहले यह पूरा देश पागल हो जाये
मैं वहाँ एक मुकम्मल देश की शक्ल देखता हूँ

चे के हमशक्लों की भीड़ में
जहाँ ख़ुद का खो जाना एक आम–सी बात हो
स्टालिन के भगोड़े जूते किसी प्रमाण की तरह संरक्षित हों
हिटलर की अन्तिम गोली की कहानी हर पागल कहने में न डरे

एक ऐसा देश
जहाँ कोई पागल ही न मिले
वह देश सबसे अच्छे नक़्शे के बाद भी

ख़ुद पर एक सवाल है

और
यह मुझ पर भी एक सवाल है
कि क्या एक मुकम्मल देश लिखना वाकई कठिन है
या मेरा पागल हो जाना?

जाति

मैं बहुत देर से जाना!

कि मेरी जाति मेरे साथ घट गया सिर्फ़ एक 'दुर्योग' है
दुनिया यह पहले से जानती थी

मैंने दुनिया से कहा
दुनिया ने मुझे सुना भी
पर दुनिया चुप रही

मैं जल्दी जान गया!

मैं जिसे किसी दुर्योग की तरह देखता हूँ
वह दुनिया के हाथ लग गया एक 'सुखद संयोग' है

आदत

पहले–पहल मैं नहीं जानता था
कि किसी काम को लगातार दुहराने से
ख़ुद में लग गयी एक सेंध को 'आदत' कहते हैं

मुझे लोगों ने बताया

न जाने कब किसी के पहले हुक्म की शक्ल में,
एक आदत ने दरवाज़ा खोल कर मेरे भीतर अपना पहला क़दम रखा
लोग नहीं जानते थे

मैं जानता था!

बड़ा जानवर

मेरे कान घोड़े की तरह कनफटे नहीं थे
न ही किसी गाय की तरह त्रिशूल छपा था मेरी पीठ पर
कुत्ते का पट्टा भी नहीं था मेरे गले मे
मैं गुर्रा कर खाना भी नहीं माँगता था
न मैं हाथी की तरह भारी न पतंगे की तरह हल्का था

जानवरों के सभी पहचानों–चिह्नों से परे

मेरे चेहरे पर एक निर्दोष मुस्कुराहट थी
जिसके पीछे एक धूर्त छिपा था

जो सभी जानवरो में बड़ा जानवर था!
जिसकी दुम इतिहास ने काट दी थी

जैसा तुम चाहती हो

जैसा तुम चाहती हो
मैंने ख़ुद के अराजक को सलीब पर ठोंक दिया
अब कोई बायीं आँख नहीं फड़कती
अब विपत्ति बिना पूर्व सूचना चली आती है

मैं प्रतिकार में नहीं चीख़ता और प्रतीक्षित होंठ गोल किये हुए ही
सो जाता हूँ
हमारे तुम्हारे उस पहले चुम्बन के लिए
जहाँ से मैं तुम में,
और तुम मुझ में खुलोगी

हालाँकि हममें सौ चुम्बन हुए हैं
पर उनके सिरे पकड़ में नहीं आये
बार–बार फिसल रहे उस सिरे की तलाश में
मैं ख़ुद को इस चाह में सिलता हूँ
कि एक प्रेम से भरी आत्मा का रिसना बन्द हो

अगर मैं एक आवाहन हूँ तो अब से मौन हूँ
यदि मैं मोर्चे पर डटा
समय का प्रतिनिधि सिपाही हूँ
तो अब कभी न लौटने वाली छुट्टी पर हूँ

तुम काली अँधेरी स्मृतियों से झाँकती,
एक सफ़ेद खिलखिलाती चमकीली हँसी भर नहीं
सलीब पर टँगी मेरी आत्मा को दोनों पैरों पर दौड़ाती

आबिदा परवीन की वह सूफ़ी ज़िद हो
जिसकी एक आवाज़ पर कभी तुम मुझ तक लौटोगी!

कि प्रेम अगर शक्ति है तो अब से सनद रहे
मैं मोर्चे से भागा
और सलीब पर टँग गया!

लहू की टपकती हर बूँद मेरी पृथ्वी से गुहार है
मुझे माफ़ करो,
समय से एक प्रार्थना है मुझे दर्ज न किया जाये

और तुम सुनो
तुम्हें छूकर गुज़रती हवा की जिस नमी को
तुम बारिश की ख़बर मान रही हो
उसमें मेरे रक्त का सारा नमक घुला है
और बादलों की गड़गड़ाहट
मेरी आत्मा के उस चुप मर रहे अराजक की चीख़ है
कि जैसा तुमने चाहा था मैं अब वही हुआ

एक चल फिर और खा पी रहा जिस्म अब भी तुम्हारे लिए प्रतीक्षित हैं
मरी हुई आत्मा की दुर्गन्ध को भीतर से महसूस करता
अब मैं उबकाई नहीं लेता
मैं तुलसी के पवित्र पत्ते मुँह में दबा लेता हूँ
और बगल में बैठे आदमी से कहता हूँ
उसने याद किया तो अभी हिचकी आयी!

एक शरीर का झूठ
आत्मा की दोनों आँखों से छुपता–छुपाता टपक पड़ता है
दूर कहीं सलीब पर टँगा
एक मरा हुआ जिस्म एक बार और चीख़ता है

लो, जैसा तुम चाहती हो मैं वैसा हुआ!

यह पहली बार है

पिताओं के हाथ अपना रंग बदल रहे हैं
समस्त ईश्वर अब पुनः ध्यानस्थ हैं
अब हर कोई देख सकता है कि आकाश के आँचल में
किसी ने मछलियाँ बो दी हैं

मौन अब अपराध–बोध की डुबकी नहीं लगा रहा है

बुद्ध ने पुनः अपनी प्रथमा टिका दी है
भूमि के तल पर
एक बार और कहा, जो है यही है!

दौड़ते हुए एक धावक ने पुनः महसूस किया है
उस नयी जगह को
जहाँ से नमक और शौर्य एक साथ टपकता है

यह पहली बार है इस पतझड़ में
जब सब कुछ धुला हुआ
और संगीतमय है

अब सभी अलाप में हैं
अब सभी को आता है प्रेम के हाथों को पकड़कर
निद्रा की आदिकालीन गुफा में हो आना

अब कोई भयभीत नहीं है अब सभी आश्वस्त हैं
सभी एक साथ डूबने और उबरने की क्रियाओं में हैं

नहीं!

अब कोई संशय नहीं
सिर्फ़ दूर दिशाओं तक फैला, एक सुखद आश्चर्य है!

अनजान

उसे अपना दुःख पता था
वह इसलिए हमेशा दुखी रहा

जिसे अपने दुःख का पता नहीं था
वह जानता था सान्त्वनाओं का घर

वह बेरोकटोक चला आता था दुःख के भीतर से
बिना उससे हाथ मिलाये

गौरतलब बात यह थी
कि उसे सुख के बारे में भी नहीं पता था

बहस–तलबी

तुम्हारा घर मेरी भाषा से बाहर बना है
वहाँ जाना कठिन
और उदास करने वाला है
मैं अपनी भाषा के भीतर से
तुम्हारी छत पर खिले नारंगी हर्ष को देखता हूँ

रंगों को देखना
अपने आस–पास उन्हें खिला देना भी होता है

मैं अपने सन्नाटे में सुनता हूँ तुम्हारे घर की आहटें
मेरा घर सन्देह में भर पूछ बैठता है
क्या कोई आया है!

मैं इसे अपनी भाषा के चरमरा जाने की तरह देखता हूँ
तुम्हारे घर पर पड़ती
हर दस्तक में,
दूर इस घर का दरवाज़ा खुलता है

और सूँघता है
हवा में एक अजनबी विस्मय
और सोचता है
एक दूसरी भाषा में खींच कर गले लगाना कैसा होता है
कैसा होता है ख़बरों का एक बम सुनसान आँगन में गिरना

उनकी बहस के भीतर कैसे घुसता है एक सन्नाटा
उस भाषा में
चुप्पे होने का व्याकरण बोते हुए!

उनकी भाषा में
बरामदे में उगा अमरूद का एक पेड़
कैसे पकड़ता है अपना अधकच्चा मीठा स्वाद

कैसे मृत्यु आती है
शाम रात के भीतर कैसे घुसती है
और दिन भर की ज़रूरी बातचीत के बाद
एक भाषा कैसे कम्बल ओढ़ कर
चुपचाप सो जाती है

जबकि उससे थोड़ी ही दूर पर
एक भाषा का बौड़म चेहरा उसे ताक रहा होता है
अपनी भाषा में एक लोरी गाते हुए

जिसे नींद के भीतर जाने के लिए
उस दूसरी भाषा की एक टेक चाहिए

अग्नि उनके काम की चीज़ थी

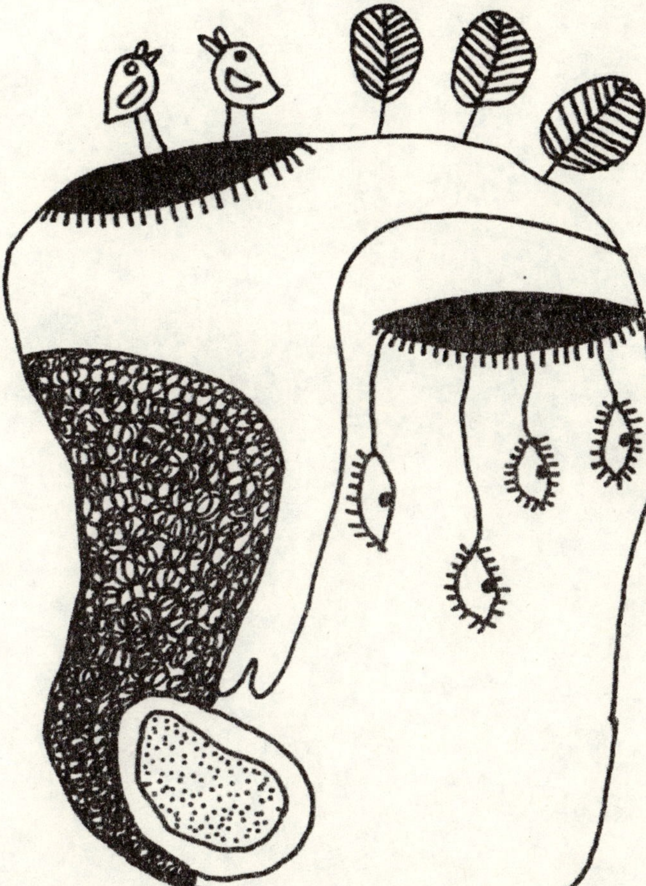

मैं कवि हूँ

(तीन कविताएँ)

[1]

चेतना की मुँडेर पर बैठा एक पंछी अपनी गर्दन झाड़ता है कहता है
स्मृतियों ने तुम्हें बूढ़ा बना दिया
तुम एक पंछी की तरह हमेशा युवा रह सकते हो
उठो, और झाड़ दो इस भारी बोझ को

नये के लिए बची जगह पर ही रहता है तुम्हारा यौवन!

बेहद बोर लेक्चरों से ऊब चुका
मेरी कविता में चला आया एक शिक्षक कहना चाहता है छात्रों से
मैंने बचा रखी हैं ख़ुद के भीतर बेवकूफ़ होने की तमाम सम्भावनाएँ

चलो साथ में बाँटते हैं इसे!

कि एक युग–प्रवर्तक मिल गया मुझे रास्ते में
युग के बदल जाने के अपराध बोध से दबा हुआ
मैंने उसे अपने युग की एक ताज़ा कविता सुनाई
प्रसन्नता से भरा वह कह उठा
मैं चलता हूँ
मैंने पूछा कहाँ!

उसने कहा, मैं भूल गया था युग बदलने से ज़्यादा बड़ा काम है
आदमी को बदल देना

यह भीषण दुख की स्मृति में रची गयी कविता के बसन्ती दिन थे

देर रात आँख खुलते ही मैंने देखा
भाषाविद् आपस में लड़ रहे हैं
कविता के असंस्कारी होने के आरोप पर वहाँ किसी एक कवि का
होना बेहद ज़रूरी था
पर मैं उस झगड़े से दूर अपनी कविता में आकर सो गया

भोर में
मैंने नज़रें चुराते हुए देखा नदी में स्नान करती स्त्रियों को
और पूछ लिया
नदी का उत्साह पीकर तुम दिन भर युवा रहोगी
या सच मे तुमने ही घोला है अपनी पिछली रात्रि का स्वप्न
इस नदी के पेट में
कैसे तुम और नदी एक साथ इतनी बावली हो उठती हो
बताओ तो!

मुझ तक स्त्रियों की आवाज़ें इतनी मन्द होकर आयीं
मानो वह पाँच हज़ार साल की थकी आवाज़ें हों

सुनो चले जाओ हम अपने कपड़े छुपाकर नहाते हैं अब
दूसरा कृष्ण नहीं चाहते हैं
हम अभी पहले वाले कृष्ण को ही भुगत रहे
मैं आगे बढ़ गया
यह सोचते हुए कि आगे कभी महाभारत होगा
तो मेरी भूमिका क्या होगी
अगर कभी ऐसा हुआ तो
मैं ज़रूर इस नदी के पास फिर लौटूँगा
और कहुँगा मैं कवि हूँ कृष्ण नहीं!

[2]
एक दिन की बात है
मेरे घर की कुण्डी खटखटाकर
रहस्य ने भीतर चले आने की इच्छा प्रकट की
मैंने पूछा कौन हो तुम

उसने कहा मेरा परिचय ही मेरी मृत्यु है
मैंने कहा आओ भीतर चले आओ

उसके बाद उस शहर में
एक आदमी बढ़ गया था और एक कवि घट गया था
घट गया कवि, अपनी कविता में था जिसे लोग पढ़ते नहीं थे
बढ़ गया एक आदमी कविता लिखता था और कहता था
मैं कवि नहीं, एक रहस्य हूँ!
उससे कोई बात नहीं करता था

शहर के बूढ़े अब सिर्फ़ बूढ़े थे
पता नहीं किसने, उनके शहर के रहस्य में सेंध लगा दी थी

उनका शहर अब बिल्कुल आम शहर था
जिसकी तमाम खासियतें कभी उन बूढ़ों की आँखों में चमकती थीं

[3]
टोटकों से भरी पड़ी है पृथ्वी
चलने से पहले कोई दही का तिलक लगवा रहा है
कहीं गाँव में डायन ढूँढ़ ली जाती है
मुँडेर पर बैठे कौवे में भी अनिष्ट संकेत ढूँढ लिये हैं लोगों ने
द्वार पार करने के लिए पहले उठे शुभ दायें पैर ने धकेल दिया है
अशुभ बायें पैर पर विज्ञान के दावों को

कोई नहीं लेता अब भयानक बीमारियों का नाम
बेवजह नहीं कोसता कोई किसी को

किसी अफ़वाह सी बैठी रहती है सरस्वती हमारी जिह्वा पर
कि चौबीस घण्टे में एक बार वो जो बोलेगी वही घटेगा आगे चल कर

हिचकी और छींक में बनते बिगड़ते हैं जिनके काम
अनिष्ट चला आता है सभी टोटकों को धता बता कर
कि मान जाओ मेरा आना तय है जैसे तय है
    सुखों के दिनों का चले आना
पर कहीं कोई एक यक़ीन का धागा बँध जाता है
धरती पर एक टोटके का बोझ और बढ़ता है

मैं सोचता हूँ
धरती के तमाम इन्सानों में एक कवि का होना
पृथ्वी का आजमाया एक टोटका तो नहीं!

जगह

उसने पानी को
पहली बार सामने आये किसी अजूबे–सा देखा
उसमें घुलते रंग को देखा
और
देखी आग
छुआ और कहा "ओह तो तुम मेरा छूटा हुआ हिस्सा थीं"

पैरों के नीचे की भुरभुरी मिटटी को सूँघा,
तप्त सूर्य की तेज़ आँच के बाद भी वहाँ घास की एक कोपल
    निकल आयी थी

उसने नदी में एक पत्थर उठा कर फेंका
भँवर में बनी–बिगड़ी लहरें गिनीं

फिर वह आकाश की ओर मुँह उठाकर शुक्राने में हँसा
गुज़रती हवा के कान में कहा
सुनो,
मैं बिल्कुल ठीक जगह पर हूँ!

बड़बड़हे लोगों के पक्ष में

उनके पास झिड़कियों का एक लम्बा इतिहास होता है
और हाथों से छूट चुकी उम्र का
अपार दुःख

सहन–सीमा के उस पार भी चुपचाप खड़े
आधे पागल बन चुके लोगों ने
हर जगह से धकेले जाने पर
एक नयी भाषा बुनी है

क्या आपने कभी उनकी भाषा सुनी है?
जो आपके विपक्ष में उन्होंने चुनी है?

तुम भी नहीं

हम जीवन के साक्ष्य हैं
मृत्यु तक रुकना हमारे समय की अनिवार्यता
हम धूप कन्धों पर लिये हुए चलते हैं
जबकि पाँव अँधेरे में धँसे रहते हैं

गर्व, चेहरा बन बार–बार चमकता है
और आत्म–साक्षात्कार पैंट की पिछली जेब में त्याज्य सहता है

हम इतिहास की पीठ चाटते हैं और लिखते हैं भविष्य के लिए
कि हम अपने समय से लड़ रहे थे

हमारा वर्तमान भ्रमित है
हम भविष्य के फलदायी भ्रम–पौधे उगा रहे थे

हमारे माथे से टपकता हमारा नमक तक लज्जित है
पैरों से बहती सभ्यता की नदी मेरे होने पर विलाप करती है
मैं उसके निशान पोंछते चलता हूँ

आकाश कुछ देर के लिए एक अँधेरा छोड़ता है
एक नयी सुबह सब कुछ नया करती है
नया पत्ता
पहरे पर तैनात पहाड़
अपने नये चित्र के साथ विराट आकाश
साँस भरती उर्वर भूमि,

बगल से निकलता एक हँसता हुआ बच्चा
और साथ दौड़ने को कहती एक नदी

और मैं सोचता हूँ
कि सब कुछ वर्तमान है
मैं अपने हिस्से का अँधेरा उस मृत भ्रम–पौधे के पक्ष में छोड़ता हूँ
मेरे कन्धे पर टँगी धूप
आहिस्ता से चेहरे तक आ चमकती है
बाँसुरी मेरी आवाज़ के पक्ष में स्वरदान करती है
और मेरा बिस्तर जूते के डिब्बे में बिछ जाता है
मैं हड्डियों के जोड़ कसता हूँ
मेरा रक्त संचित की हुई समस्त बिजली छोड़ता है

यह नया क्षण है
समय के सीने पर मेरा सबसे पहला हस्ताक्षर
जब मैंने समस्त इतिहास–देवताओं की मर्सी अपील ख़ारिज की
और कहा उन्हें
एक नये दिन से बड़ा कोई नहीं

तुम भी नहीं!

अ–प्रेम शास्त्र / स्त्री अवतार

मैं प्रेम में आकण्ठ डूबी अपनी साँसों को आदेश देती हूँ
कि वह फेफड़ों पर कम ज़ोर डाले
नहीं बताती उन्हें मैं

फेफड़ों के क़रीब ही धड़कता है मेरा दिल!

'हसरत मोहानी' की देह एक बार और मरेगी
और जियेगी, एक बार और
शाम के आँचल को चीरती एक ग़ज़ल

एक ग़ज़ल का बनना एक प्रेम का अधूरा ही तो रह जाना है न?

मैं नाइट–वॉक नहीं करती
थके क़दमों से लौटती हूँ

जहाँ लौटती हूँ वो जगह कोई और है
जहाँ नहीं लौट पायी वह मेरी जगह है

मैं नींद से भारी हुई पलक पर टिका एक अधूरा आँसू हूँ!
पहाड़ की चोटी पर है मेरा प्रेम

मैं देह से धरती हूँ

मेरा शिकार गीतों ने किया
हरे बसन्ती दिनों ने छला मुझे

भरोसे की नाव पर मुझे बिठाया गया
यह बात और है
कि मैं प्रेम में उल्टी बह गयी एक नदी थी

दाग

मैंने अभी
आग से तपते सूर्य को देखा
लगा
बेहद गुस्से में है वह

मैंने उसे फिर से देखा
अतृप्त धरती को बिना थके पोसता हुआ
बेहद दयालु लगा वह

शर्मिन्दा–सा मैंने
सर झुका आँखें बन्द ही की थीं कि वह
बन्द आँखों के अँधेरे में
छूटे रह गये उजाले के दाग–सा मुस्कुरा उठा

कुछ लोग

इस दुनिया में
बहुत से लोग सो रहे हैं
कुछ लोग सोते–सोते गिर रहे हैं
कुछ चलते–चलते सो रहे हैं

कुछ लोग नींद में बातें करते हैं
वह उनका इस जागी हुई दुनिया में एक 'सजग हस्तक्षेप' होता है

एक उन्हीं के सोने से
लगातार यह दुनिया बेचैन रहती है

वह गिरती है उठती है बहुत बार जाग भी जाती है!

2019 के पहले

2019 के बाद भी फिलिस्तीन होगा
और ज़ाहिर क़बूल तौर पर इज़रायल भी होगा

सर तक चढ़ चुका उत्तर कोरिया होगा
तो समुद्र में आधे गले तक डूब गया जकार्ता भी होगा
ख़बरों में रोज़ मरता कश्मीर तब भी अपनी पस्त साँसें भर रहा होगा

ख़ुद की रक्षा के लिए रोज़ बन रही ख़बरों से बेफ़िक्र गायें तब भी
अपनी दुपहरों में
एक बेमियादी ऊँघ को चबा रही होंगी

पिटता हुआ अमेरिका
तब भी खेल के नियम बदल रहा होगा
पिट कर भी खेल में बना हुआ एक बेशर्म पड़ोसी मुल्क होगा
और अपने सीने पर बार–बार पड़ रही ड्रेगन की परछाईं से
सशंकित दिल्ली भी होगी

मर चुका पहलू खान भी यदाकदा ख़बरों में ज़िन्दा हो जाया करेगा

कुछ लोग भी होंगे
जो सशंकित नहीं होंगे पर वह चुप होंगे

बहुत पहले से अपने यहाँ होने पर बौराता हिन्दू होगा
तो बहुत पहले से अपने यहाँ न होने से घबराता मुसलमान भी होगा

देश में भयभीत लोगों की जनसंख्या आबादी के बराबर हो चुकी होगी
और सत्य बस एक ही होगा
कि अब कोई विकल्प शेष नहीं है

हवा में अपने दीमक लगे पैर जमाने की कोशिश में तल्लीन
आकाश में लटक रही
सरदार पटेल की एक अधबनी और बहुप्रचारित मूर्ति भी होगी

तब भी रेलवे स्टेशनों पर ट्रेनों की प्रतीक्षा में खड़ा एक युवा भारत
बुढ़ापे की ऊब से गन्धाया हुआ होगा

तब कुछ लोग होंगे
जो तिथियों को लाँघकर चले जायेंगे कई साल पीछे
लौट कर वही बता पायेंगे गंगा का पानी पीकर
कि इसमें प्रदूषण से ज़्यादा घुल चुका है सन्देह

वह मुहम्मद रफ़ी से मिलेंगे और कहेंगे
कि हम विलाप और आलाप का फ़र्क़ करना भूल गये हैं

गाँधी के साथ चले जायेंगे वह भागते हुए नोआखाली तक

ग़ालिब से कहेंगे
कि हमारी भाषा में लौट आओ!

वह अपनी तारीख़ में लौट आएँगे
यह पता लगाकर
कि लगातार चुप रहने से लोग पेड़ बन जाते हैं
जिनके भीतर चींटियाँ बना लेती हैं सुरंग
और सत्ता लूट लेती है जिनकी देह का सारा काठ

यूँ तो वह अपने समय के सबसे उदास लोग होंगे

पर जब कभी तेज़ धूप को घेरते पानी से भरे बादल उन्हें उकसायेंगे
तो वह प्रसाद की पंक्तियों से बारिश का स्वागत करेंगे
कहेंगे–अरुण यह मधुमय देश हमारा!

बहुत कुछ ज़रूरी छूट जाने के महान दुःख से विचलित
इस सदी के सीने पर
अफ़गानिस्तान में घायल पड़ी
बुद्ध की कुछ मूर्तियाँ बदस्तूर पहले की तरह अपने आँसू
बहा रही होंगी

कुछ लोग होंगे जो उन्हें बुद्ध के अन्तिम उपदेश की तरह देखेंगे

'ओबामा के बाद' या 'ट्रंप से पहले' यह दुनिया कैसी थी
इस विमर्श पर
तब तक हज़ारों पन्ने आत्महत्याएँ कर चुके होंगे

बलात्कार के बाद मार दी गयी तमाम लड़कियाँ
अपनी पसन्द के कपड़ो में भारत के आकाश पर नाच रही होंगी
जो हर बारिश में बिना किसी सीढ़ी की सहायता के उतर आयेंगी
हम सबकी छतों पर!

किसी भुखमरे के घर में
पुराने बक्से से निकल आयेगा तब भी
एक रद्द हो चुका भारतीय पनसौवाँ गाँधी छाप–नोट
और वह हँसे या फिर रोये चीख़ कर
इसी उधेड़बुन में वह सम्भावनाओं से भरा अपना
एक दिन गँवा चुका होगा

पर यह सच है
कि 2019 से पहले भी एक देश होगा
जो तमाम अगर–मगर के बाद भी यह जानता होगा

कि कोई भी देश एक स्कूल नहीं होता कि ठीक न लगने पर नाम कटाकर कहीं और चले जाएँ

जो उपरोक्त कही गयी सभी दुःशंकाओं को ख़ारिज करते हुए
कुछ सम्भावनाओं को तलाश रहा होगा
'2019' से पहले

कि
एक देश को लगातार बदलते रहना चाहिए
एक देश को लगातार चलते रहना चाहिए
एक देश को अपनी आत्मस्वीकृतियों से संवाद करते रहना चाहिए
एक देश को लगातार दहाड़ी रुदन और मुस्कुराहटों के बीच
  नींद को तलाशना चाहिए

कि
उसके होने के मायने क्या हैं
यह कुल पैदा हो चुके लोगों की गिनती से नहीं
प्राप्त हो चुकी स्वर्णाक्षरी उपलब्धियों से नहीं
हो चुकी यात्राओं से नहीं!

एक देश के होने के मायने
इस बात में तलाशे जाने चाहिए कि वह अपनी सामूहिकता में
  कितना अधिक जीवित है

वह जान रहा हो
कि चुप्पियाँ उसकी देह को कहाँ तक कर चुकी हैं खोखला

आवाज़ों पर लगे पहरे पर
वह कितना चीख़ बैठता है देर से ख़त्म हो रही रातों में

एक देश नहीं जाना जा सकता है

तानाशाह की ख़तरनाक चुप्पी से उपजती आशंकाओं के द्वारा
किसी भी क़ीमत पर
भय उस देश का चेहरा नहीं बन सकता है

चुप्पे कुएँ जैसे नागरिक
जिनके भीतर झाँकने पर गला पकड़कर खींचने लगता है
कई वर्षों से जमा एक बासी सन्नाटा

एक देश को यूँ जाना जाये
कि उसके भीतर पागलों की संख्या कुल आबादी के सापेक्ष
कितनी अधिक बढ़ी है

तानाशाह के चेहरे पर निश्चितता के बजाय
उमड़ी पड़ी हैं कितनी चिन्तित लकीरें
अहंकार से उठी भृकुटियों से ठीक आधा इंच नीचे
विस्मय से भरी एक जोड़ी आँखों मे
उतरा आये हों
भय के नन्हे पौधे

एक देश को एक साथ उमड़ना चाहिए
एक साथ ही उसे कुछ बदनाम तिथियों से भिड़ जाना चाहिए
उसे एक बार इतिहास की ओर तो चार बार भविष्य की ओर
झाँकना चाहिए
वर्तमान के कठोर जबड़ों के बीच याद रखना चाहिए
कि वह देश 'जीवितों' का एक साँस भरता झुण्ड है

एक अधमरी और चुप्पी पीढ़ी से नहीं लेती कोई भी अगली पीढ़ी
अपने लिए रक्त
अपने लिए प्रतीक्षा
अपने लिए प्रतिज्ञा और प्रतिकार
वह कतई नहीं ढोती उनके हिस्से की लज्जाएँ!

वह अपनी ऐतिहासिक बदतमीजियों के लिए प्रेरणाएँ तलाशती है
किसी अन्य देश की तिथियों में
और अनगिनत स्वर्णाक्षरी तिथियों में गले तक धँसे एक देश के लिए
यह डूब मरने की बात होगी

जो देश एक साथ जागते हैं एक साथ ही उठते हैं
जिस देश के सारे पागल एक साथ उतार लाते हो अपनी आँखों में
प्रतीक्षा की अटूट चट्टानें

जो हवाओं में उदासी घोलने की बजाय भर रहे हो एक
    रोमांचकारी दुःसाहस
जो तानाशाह की आँख में अपनी आँख का बारूद भरते हुए
    कह रहे हों
कि अनिवार्य रूप से 2019 से पहले आता है 2018

कि 2019 का प्रतीक्षा वर्ष है 2018
दरअसल उस देश को ही हक़ है
कि वह एक विरासती पीढ़ी को दे दे अपनी जमा सारी चिंगारियाँ!

भाषा में थोड़ा अराजक होते हुए
जब कविताएँ कहने लगे
कि वाक्य के हर शब्द में जबरन अनुस्वार भरने वाले
हे अधिनायक!

कि एक सौ पैंतीस करोड़ लोग
एक भूभाग विशेष पर जी सकने के लिए
हवा, पानी, मिट्टी और नींद तलाशते लोगों का एक बेदम
    आँकड़ा नहीं है

यह क्रान्तिक ताप में लगातार झुलस रहे लोगों की एक भीड़ है

हम भारत के लोग,
हम एक साथ साँस भरते और छोड़ते हुए लोग
हम एक साथ थकते और पैदा होते लोग
हम एक म्यान में बारूद और आग रखते लोग

हमारी निद्रालीन आँखों पर आज भी बैठ जाती हैं कुछ
    चमकदार खेतिहर तितलियाँ
वह आज भी हमारी नींद के भीतर
अपने चमकीले पंख बिना किसी भय के झाड़ देती हैं
बदस्तूर हमें हर रोज़ खड़ी मिलती है आँख खुलते ही एक नयी सुबह

हे अधिनायक,
हे सत्य में असत्य की मिलावट करते व्यापारी
हे इतिहास की गैरज़रूरी मरम्मत में लगे
एक अकुशल मिस्त्री

अधीरा की आँखों में देखो!

इस बार हम रहस्य से भरे लोग एक हैं
इस बार हम पानी की तलवार लेकर निकले हैं
इस बार भयावह चुप्पी से भरी सर्द बर्फ़ के विरुद्ध
यही हमारी क्रान्ति है

काम पर लौटने का समय

क्या होगा
मैं नहीं जानता

पेड़ों की हज़ारों–हज़ार हरी हथेलियाँ यूँ ही यात्राओं की थकी नसें
सहला रही होंगी
नदी अपनी सियन को फाड़ते हुए बाहर नहीं निकलेगी

बिस्तर पहले की तरह ही बदलते रहेंगे
आरामदायक गुफाओं में

हमारे स्वप्नों में उड़ रही मछलियों से हार चुके
देह के भीतर उल्टे लटके चमगादड़ हर सुबह निकल
भागेंगे चीखते हुए

रेत–घड़ी की तरह लगातार रिस रहे रक्त में हमारा यह समय सर
से पैर तक भीग चुका है

भाषा में सबसे ख़राब गाली
अपने तत्सम रूप में आकर शालीन हो रही है

सबसे अच्छे कवि सबसे ख़राब कविताएँ लिख रहे हैं
सबसे ज़िम्मेदार सम्पादक सबसे बड़ी गलतियाँ कर रहे हैं

सबसे निर्मम सरकार ने कह ही दिया है

कि वह बचायेगी
हवा के भीतर गन्ध
प्यास के भीतर तृप्तता
रक्त के भीतर नमक
वह सड़क के ऊपर से हटा लेगी कील की तरह
    खाल को भेदती कड़क धूप

पानी की आवाज़ाही सुनिश्चित करेगी वह
मिट्टी का स्वाद बचाने के लिए
वह नदी के भीतर घुल चुके सन्देह को दे देगी देश–निकाला

उसका दावा है कि वह एक नया और गर्व–सम्पन्न इतिहास देगी
उसका वादा है कि वह हर दावे में अभिनय–कुशलता
    के साथ खड़ी होगी

वह भर देगी मंचीय भाषा के सभी वाक्यों में
अतिशयोक्ति और शब्दों में अनुस्वार!

कठोर चेतावनियों और तनी हुई क्रोध भृकुटियों से जब तक नहीं
    पहचानने लगते हैं बच्चे
कि यही है हमारा देश–प्रधान!

तब तक वह सुधार–कार्यक्रम जारी रखेगी
यहाँ सुधार–कार्यक्रम से आशय यह नहीं है कि
    देश में कुछ नया होगा
इसका स्पष्ट आशय है
कि वह नागरिकों को सुधार देंगी

वह चाहती हैं
कि मैं भी उसके साथ हो जाऊँ

यहाँ मैं से सिर्फ़ मैं नहीं हूँ समकालीनो!

यहाँ 'मैं' से आशय है
समय के भीतर मेरे साथ सो रहे सभी हस्तक्षेप!

इसके भीतर सो रहे सभी लोग आते हैं
इसके भीतर सोने के अभिनय में शामिल सभी लोग आते हैं
इसके भीतर मृत हो चुके लोग नहीं आते हैं
इसके भीतर सुन्दर शब्दावलियाँ तलाशते कवि नहीं आते हैं

मैं नहीं जानता
सबसे ज़रूरी कविताएँ कब प्रभातफेरियों में गायी जायेंगी
सबसे ज़्यादा चिढ़े हुए लोग अभी भी जीवित हैं या नहीं
सबसे ज़्यादा सजग ख़बरनवीस कब तक ग़ैरज़रूरी ख़बरों से धोते
    रहेंगे अपना चेहरा

मैं नहीं जानता कि
कब तक प्रेमपत्र लज्जा का विषय रहेंगे
कब तक खींची जायेगी खेतों की खाल
कब तक आकाश सह पायेगा पीली पड़ चुकी प्रार्थनाओं का
    रोज़ बढ़ता वज़न

देश के बूढ़ों की आँख अब मछली की आँख क्यों नहीं लगती

वह सन्नाटे को किस भाषा में घूरते हैं
वह किस भाषा में गढ़ते हैं अपनी चुप्पी
वह संसार के सबसे अबूझ रहस्य में कब और कैसे बदल गये
वह कहाँ चले जाते हैं
अपने हिस्से की हार पहाड़ की गोद में रखकर

मैं नहीं जानता

एक अकेला खड़ा पहाड़ कितने बूढ़ों की हार से दबा है
उसकी पीठ से रगड़ खा–खाकर हवा में कहाँ से आ गयी है
इतनी सारी नमी

मैं एक अकेले खड़े उदास युवा को जानता हूँ
जो शायद ख़ुद को नहीं जानता!

वह युवा 2018 से घबराया है
मैं कहना चाहता हूँ
कि उसे 2019 से घबराना चाहिए!

यह युवाओं के बूढ़े होने का समय कतई नहीं है
यह बचे हुए बूढ़ों के रहस्य का ताला खोलने का समय है

यह जूतों के तस्में कसने और जेब में नदी भर कर निकल
पड़ने का समय है

कि सत्ताएँ हारी हैं पहले भी बुरी तरह
यह गये दिनों को पलटकर देखने का समय है

यह स्वीकृतियों की भिक्षा माँगते हुए
कविता की बेमकसद अन्ध–गलियों में भटकने का समय नहीं है

यह कवियों के काम पर लौटने का समय है

शोर

सन्नाटे के पैर में
कील धँसी है

लँगड़ाता हुआ यह
सड़क से चढ़ आता है मेरे घर की छत तक

कभी–कभी मेरे भीतर से निकलकर कूद जाता है
नदी के भीतर

मूक तितलियाँ देर रात तक लौटती हैं फिर मेरी छत पर
यह बताते हुए कि सन्नाटे ने सिखा दी है
मछलियों को एक नयी भाषा

फिर तितलियाँ ही बताती हैं
उन्होंने उड़ना सीखा है
उस सन्नाटे से

मैं कैसे बताता
कि वह छोड़ भागा है मेरे भीतर
अपने पैरों से निकला एक नुकीला सच!

शब्दकोश

मेरी डायरी में छुप कर रहती हैं
छिपकलियाँ

तकिये को उठाते ही निकल भागती है
कई बार एक मछली की चीख़

मैं पानी पीता हूँ
तो लगता है कई बार
कि धरती के सारे चमगादड़ बुझा रहे हैं अपनी प्यास
मेरे गले में लटककर

कल जंगल में उल्टी लटकी एक अनजान लाश मिली थी

यह अजीब था
कि उस लाश ने अपनी शिनाख़्त मुझसे पूछी

ठीक उसी पल
मेरे हिस्से में आयी एक सबसे आसान भाषा
मेरी आँखों से निकल भागी

मेरी डायरी तकिया और प्यास के भीतर
अब कोई नहीं आता

मेरी आँखों से झाँकता है अब
एक मर चुका साँप

मेरी भाषा को सारे शब्द अब यही देता है

यात्राएँ

सभी खिड़कियाँ यह सोचती हैं
कि हो जाना है एक दिन उन्हें दरवाज़ा

वह प्रतीक्षाओं के ताखे में
एक उम्र की तरह लटकी रहती हैं

खिड़कियाँ नहीं बनती कभी भी एक दरवाज़ा
वह बनती हैं एक दूर बैठी दुनिया

मछलियों की सबसे बेहतरीन सहेली खिड़कियाँ
सबसे पहले बाँधती हैं उनके पैरों में
भागने का भूत!

मछलियाँ ही देखती हैं
कि खिड़कियों की आँख में पड़ गया है एक रिस रहा घाव

मछलियाँ जितना देखती हैं
सूखता है उतना ही खिड़कियों का ताप

यूँ ही नहीं भागती हैं अकेले मछलियाँ
वह पहले देखती हैं खिड़की की आँख में उतराया समुद्र

वह बनती हैं नदियाँ
खिड़कियों का हाथ पकड़कर निकल जाती हैं

दरवाज़े से,
फिर वह होती हैं तितलियाँ!
फिर उनके पंखों की आँख से झाँकती हैं खिड़कियाँ!

उस स्त्री का पता

सुना तुमने, झरने से गिर रहे पानी ने धरती को पियानो सा बजा दिया है एक हरे खेत को देखकर चिड़िया की आँख चील की आँख में बदल गयी थी। एक मेमना लौट आया था बकरी के पास। सबसे सुन्दर आँखें, सबसे बेहतर पृथ्वी को रच रही हैं कह रही हैं एक ईश्वर बकरी का भी है।

धरती के पत्थरों में एक संगीतज्ञ बैठा है बारिश की बूँद एक गुज़र गये गायक का गला है कोयल की चोंच में दबी है सुबह की बाँसुरी,

हवा के गोते में दौड़ गयी स्वर–लहरियाँ हैं सबकी–सब प्रेयसियाँ, सूर्य स्त्री में बदल चुका है और चन्द्रमा के आईने से हटा लिया है अपना चेहरा, एक स्त्री ने

कविता को पढ़ रहे होंठ जानते हैं सब राज़
उस स्त्री का पता सिर्फ़ संगीत में है।

वह थे

मसला यह था, कि उन सभी ने अपने–अपने हिसाब से चीज़ों को जिया, उनके बीतने और आगमन का अनुमान लगाया। उन्हें संशय और विश्वास की दृष्टि से देखा और महसूस किया। वह अपने हिसाब से 'बचे हुए' को गिनते थे ।

उनकी अपनी–अपनी प्रतीक्षाएँ और यात्राएँ थीं, और बहुत बार तो वह तब शुरू होती थी जब बाक़ी सभी यात्राएँ समाप्त हो जाती थीं। उन्होंने मील के पत्थर को बार–बार लज्जित किया। बहुत बार तो तमाम मंज़िलों को इतनी वासना से देखा कि वह उनके पास आने में डरती रहीं।

✷

उन सभी के पास अपने–अपने 'सही' और 'गलत' थे और अपने हिसाब से वह सभी 'लगभग' सही थे।

✷

अग्नि उनके काम की चीज़ थी पर वह राख का उपहास उड़ाते थे। थकने से अधिक घृणास्पद उनके लिए कुछ भी न था जब उनके पास करने को कुछ विशेष नहीं होता तो वह अपने 'अर्थ' स्वप्नों से उधार माँग लेते थे उनके चेहरे सबसे सुन्दर तब होते जब वह नींद के भीतर होते, वह जब जागते तो देखने वाले कहते कि देखो, दृश्य के भीतर 'एक देखने वाले पुष्प' ने फिर से अपनी आँखें खोली हैं।

✸

वह अपने वर्तमान की सबसे आश्चर्यजनक चीज़ थे क्योंकि वह जानते थे कि एक दिन कुछ भी नहीं बचेगा, दिन भी नहीं, फिर भी वह सभी एक साथ अपने समय में पूरी ऊर्जा के साथ मौजूद थे और लगातार उसकी व्याख्या किये जा रहे थे!

✸

दृश्यों में बने रहने का उनका अपना तरीक़ा था। वह अपनी मूर्खता के भीतर से बाहर झाँकते थे और किसी समझदार की तरह कई बार सर हिलाते थे!

बेईमान दिसम्बर

यह जनवरी के नक़ाब में चला आया काँपता हुआ दिसम्बर था, समय से पहले आकर खड़ी हुई प्रतीक्षारत ट्रेन की तरह थोड़ा सा लज्जित जहाँ नैतिकताएँ नवम्बर का हाथ पकड़े हुए थीं, आत्म–मुग्धता सम्पादकों की जेब में थी और आत्मालोचनाएँ किसी वेटिंग टिकट की तरह तिरस्कृत!

एक देश बदलावों से गुज़रने की नक़ल में व्यस्त था और 'एक जनवरी' किसी काल्पनिक प्रेमिका–सी नींद की पलकों पर बैठी थी। यह कविताओं का सबसे भूखा समय था, इतना भूखा कि उसने सम्पादकीय पृष्ठों को भी खा लिया था। इतना भूखा कि कुछ कवियों ने कविता न लिखकर पत्रिकाओं के पेट में जाने से मना किया था। यह इतना भूखा समय था कि कोई कुछ भी खाने से इनकार नहीं कर रहा था।

यह दिसम्बर था जिसने नवम्बर की आँखों से पट्टी नहीं खोली थी।

यह दिसम्बर था जिसकी पीठ पर जनवरी एक तेज़ धप्पा लगाकर कहना चाहती थी तुम पकड़े गये

यह दिसम्बर था, जहाँ कुछ सम्पादक बच्चे बन गये थे और कुछ बच्चे पहरेदार!

यह दिसम्बर था, राजधानी के सालाना किताब जलसे को लपकने के लिए एकदम मुस्तैद और एक जनवरी थी जो कह रही थी। अब दिल्ली दूर नहीं!

यह दिसम्बर था। जिसे दूर से देखना बहुत अच्छा लग रहा था।

मोर–पंख की प्रेम–यात्रा

नीले पानी की उदास मछलियों ने तब पहली बार देखा था एक हँसता हुआ मोर–पंख, एक विरह–पत्र पूरा लिखा जा चुका था, हाँ, यही अर्थ लगाया उन उदास बेरंग मछलियों ने उस मोर–पंख के फेंके जाने का।

पानी की बाँहों में पसरा एक शोक–गीत अब हँसे जा रहा था। कहते हैं वह मोर–पंख जहाँ–जहाँ से गुज़रा, वहाँ की मछलियों ने हँसना सीख लिया उसके रंग उतरकर मछलियों पर चढ़ गये थे। मछलियाँ अपनी पीठ रगड़कर थक गयी और इस तोहफ़े को स्वीकार किया। वहाँ जिस किनारे पर वह नीले पानी की गोद में आ गिरा था, सभी मछलियाँ आज भी वहाँ हर शाम इकट्ठा होती हैं एक सागर तब थोड़ा और चढ़ आता है वहाँ की हर शाम कुछ और ज़्यादा बड़ी हो जाती है काली अमावसी रात हर बार वहाँ कुछ और उजले चेहरे के साथ आती है।

परदेश से वापस आया एक प्रेमी, उसी रात के उजले धुँधलके अँधेरों में प्रेयसी के कान में कहता है 'मैं लौट आया!' और दो समीपस्थ चेहरों के मध्य होंठों पर जमी बैठी दो तेज़ बिजलियाँ तेजी से चमक कर एक–दूसरे में गुम हो जाती हैं। पेड़ की बाँहों में अटकी एक गिलहरी अपनी नींद तोड़ती है और कुनमुनाती है, कौन है! कौन है!

कहीं दूर एक मोर की पीठ पर कुछ और तितलियाँ उग आयी हैं आसमान का गहरा काला रंग अब चाहता है फिर से कोई विरह में

डूबे और पत्र लिखकर पंख हवा में तैरा दे, हमेशा से बेपरवाह रही उस हवा ने इस बार ठान लिया है जंगल की गहरी काली रात में भटकी चिड़ियाँ को रास्ता दिखाने के लिए वह तारों को कुछ और सुनहरा करेगी ।

❑❑